編みもの
『英文パターン』
ハンドブック

西村 知子

東京書籍

はじめに──英文パターンって難しい?

「英文のニットパターンを見たことはあるけど、編み図もないし、
暗号のようにアルファベットが並んでいてよくわからない」
「編もうとして辞書で調べてみたけど全然読めなかった」
それもそのはず。英文パターンに出てくる英語は特殊で、
読み解くための知識が必要です。
日本語の編み図だって、編みもの用語が詳しく載っているわけでも
ないですし、また、日本語が話せる人が誰でも編み図を見れば
編めるわけではないのと同じです。
**逆に、英語がわからなくても、編みものが少しでもできて、
きっかけと挑戦する気持ちさえあれば
英文パターンで編めるようになります。**
この本がその「きっかけ」になれば幸いです。

英文パターンはイメージがつかみにくいため、編み始める前に
文章から編み図を書き起こしてしまいたくなりますが、
個人的にはあまりおすすめしません。
途中までは何とか書き起こせても、わからないところにぶつかって
編み始める前からあきらめてしまうことになりかねないからです。

まずは、手を動かしてみること。

どうしても編み図に直しておきたい場合には、
編みながらメモを取り、あとからまとめるといいでしょう。
編み図にする過程で、編み図記号だけでは書き表せない操作が
出てくることもあるはずです。
編み図記号での表現方法で悩んでいる間に時間が過ぎる。
このときに気付きます。
「編み図に書けないような操作でも編める」 ということを。
これを実感した時に「編みものの世界が広がった」、
「編みものって自由」と感じるようになると思います。

**さあ、今まで暗号のように見えていた
英文パターンを読み解いてみませんか。**

目次

はじめに	2
本書の使い方	6

基本編　13

英文パターンを手に入れよう
―インターネットと洋書― ……… 14

- インターネットで直接パターンをダウンロードする　14
- 洋書・洋雑誌を買ってみる　20
- 英文パターンの特徴を知ろう　22
- 英文パターンの基本的な構成　25

サンプルパターン "Paulie"　26

- 必要なもの（材料、用具）　36
- 糸（yarn）について　36
- **Tips** 代わりの糸の選び方　39
- **Tips** WPI（wraps per inch）を活用しよう　40
- 針（Needles）について　42
- **Tips** ぴったりの針がないとき　42
- その他の用具（Notions／Accessories）について　43
- ゲージ　44
- サイズ　45
- パターンについての解説・デザイナーのコメント　46
- パターン中のテクニックや略語の解説　47
- 基本の編み方の解説　47
- 模様編みの解説、編み図　48
- 略語表（Abbreviations）　48
- 編み方　49
- **Tips** 編むサイズの決め方　50
- 「くり返し」の表し方　52

データ編　55

用語集（棒針編み）　56
用語集（かぎ針編み）　74

いろいろな対照表　79

- 糸の太さの対照表　79
- 棒針の太さの対照表　80
- かぎ針の太さの対照表　81
- インチ／センチ早見表　82
- 採寸箇所の名称　83

知っておきたい表現や編み方 ……… 84

- (1) 英文パターン特有の表現や編み方　84
- (2) Casting on（主な棒針のつくり目）　94
- (3) Binding off（目の止め方）　97
- (4) Seaming（とじはぎ）　100

実践編　103

英文パターンでよくある質問　104

「マーカー」ってあまり使ったことがないけど、
パターンに書いてある通りに
使った方がいいでしょうか？　104

英文パターンで指定されている通りの
糸と針で編むと、ゲージがゆるくなる気が
するのですが…？　105

くり返しの表現がいろいろあって、
混乱してしまいます…　106

略語を読むコツはありますか？　107

yf、yrn、yo、yfrn は全部「かけ目」と
訳されていますが、どう違うの？　108

交差編みの略語って、
編み図と比べて複雑そう…　109

輪針の便利な使い方を、いろいろ知りたい！　112

とじはぎするべき場面で、「sew」としか書か
れていません。いったいどうすればいいの？　113

仕上げってそんなに大事なの？　114

「ブロッキング」って何？　115

針の持ち方や編み方って、
日本と海外ではどう違うの？　116

海外の針は種類が豊富だけど、
選ぶ基準はあるの？　117

かぎ針のパターンなのに、「台の目」がないし、
立ち上がりの目数も足りないように見えます。
パターンが間違っているのでしょうか。　118

かぎ針編みの用語は、アメリカ英語と
イギリス英語で違うの？　119

かぎ針の持ち方も、
日本と海外で違いがあるの？　121

英文パターンを実際に編んでみよう！　122

"Samonne"
三角ショール「サモンヌ」　124

"Window Pane Hat"
ウィンドウペイン模様の帽子　130

"Gathered Cowl"
ギャザー入りのスヌード　136

"Zigzag scarf"
ジグザグ模様のスカーフ　139

"Patchwork Hanger"
i-cord を編みつけた
パッチワーク風ハンガー　142

"Flower-motif
Tape Measure Cover"
花モチーフのメジャーカバー　144

国内で海外の糸が手に入るショップ　148

参考文献　149

おわりに　150

本書の使い方

本書の使い方

基本編

- 英文パターンを手に入れよう ▶ p14

- 英文パターンの特徴を知ろう ▶ p22
- 英文パターンの基本的な構成 ▶ p25

データ編

- 棒針の用語集 ▶ p56
- かぎ針の用語集 ▶ p74
- いろいろな対照表 ▶ p79
- 知っておきたい表現や編み方 ▶ p84

「パターンを読み解くのに便利〜!」

「英文パターンでよく使うテクニックもまとまってるわ」

「ブロッキングなんてしたことないよ〜!」

実践編

- 英文パターンでよくある質問 ▶ p104

「マーカーって使うべき?」

「くり返しの表現が難しい…」

☆ 完成! ☆

「もっと色々編んでみたい!」

- 英文パターンを実際に編んでみよう! ▶ p122

「この本に載ってるパターンでも色々なテクニックに挑戦できるのね!」

"Paulie"
ポーリー
編み方：p26

"Samonne"
三角ショール「サモンヌ」
編み方：p124

"Window Pane Hat"
ウィンドウペイン模様の帽子
編み方：p130

"Gathered Cowl"
ギャザー入りのスヌード
編み方:p136

"Zigzag Scarf"
ジグザグ模様のスカーフ
編み方:p139

かわいい道具を探したり、自分でつくったりするのも編みものの楽しみの一つ。英文パターンに欠かせないマーカーは、タティングレースやビーズをつかって手づくりもできます（中央右のピアスのような用具）。右上のグミのようなクマと毛糸だまは、編みかけの針の先端に刺して使うストッパーで、その上のキャップと手袋は、同じ号数の棒針をまとめて保管することができる用具です。

英文パターンを編むときにつかうものたち。普段のアナログな道具のほかに、いまや編みものの情報収集に欠かせない Raverly（ラベリー）や、編みものアプリを使える端末があると便利です。

"Flower-motif
Tape Measure Cover"
花モチーフのメジャーカバー
編み方:p144

"Patchwork Hanger"
i-コードを編みつけた
パッチワーク風ハンガー
編み方:p142

便利グッズ

普段使っていて、手元にあると便利な品々。

ボタンをつなげたもの

透かしの入ったストールなどの「透かし」部分をボタンホール代わりにして、止めるのに使います。お気に入りのボタン2つを、丸カンや糸でカフスボタンのようにつなげるだけで完成です。穴に通すときは、もちろん無理のない程度に。キルトピンよりしっかり止まり、ショールピンより気軽に使えます。

とじ針用ピンクッション

ペットボトルのふたの中にかぎ針で編んだニットボールをはめ込んだだけのもの。編み物道具の中に入れておくと、とじはぎや糸始末の時に針を刺しておいたりできて便利です。針とセットで出しておきましょう。

フロス

フロスは「ライフライン（用語集 p64）」に使います。さらに、「カッター部分」がついているので、移動中に編みものをするときに、糸切はさみの代わりに使えます（特に飛行機の中ははさみを使えないので便利）。もちろん、お口の中のケアにも！ ワックスがついていないものを使いましょう。

基本編

英文パターンを手に入れよう
(p14~p21)

英文パターンの特徴を知ろう
(p22~p24)

英文パターンの基本的な構成
(p25~p53)

英文パターンを手に入れよう
── インターネットと洋書 ──

インターネットによって、編みものをとりまく環境もずいぶんと変わりました。英文パターンも昔に比べてずいぶん身近になったようです。
ここでは、英文パターンを入手する方法を2つご紹介します。インターネットと、洋書です。英文パターンを編むには、インターネットにアクセスしやすい環境が整っていると便利ですが、何より編みものが好きで、挑戦する心意気が一番大切です。

インターネットで直接パターンをダウンロードする

インターネットによって、スタイルブックを1冊買わなくてもパターンを作品単位で入手できるようになりました。
たくさんのパターンにアクセスできるサイトとして、いつもご紹介するのは次の2つです。

Ravelry（ラベリー）　https://www.ravelry.com/

既に登録されている方、聞いたことはあるという方、大勢いらっしゃると思います。
Ravelryはアメリカの編みもの愛好家のコミュニティサイトです。編みもの愛好家と言いましたが、棒針、かぎ針を楽しむ人々だけでなく、糸紡ぎ、織物、染色を楽しむ人たちも、各自の作品、材料、用具を管理するツールとして活用しています。

フルに活用するためには登録が必要ですが、登録料などは一切かかりません。

機能は盛りだくさんで、登録を済ませてサイトに入ると、サイト上部のタブごとに色々な機能を持つセクションに分かれています。

My notebook では各自の作品を管理し、共有できるセクション（projects）や、編みたいパターンを「収納」しておくことのできる library 等があります。Ravelry 内の他のユーザとのメッセージの送受信もできます。

Patterns では様々なパターンが検索でき、気に入ったものをダウンロードできます（ただし有料のものもあります）。各パターンのページから projects（作品）を選ぶことで、他のユーザがそのパターンで制作した作品を閲覧できます。

Yarns は糸のデータベースです。世界中の糸メーカーが出している糸の情報が登録されています。また糸を検索して、その糸のページからその糸で編まれた project（作品）を見ることもできます。糸はあるものの何を編めばよいか分からない時には必ず何かアイディアが見つかります。

Groups は、Ravelry 内で様々なテーマ別に設けられたグループです。自由にアクセスし、参加することもできます。この場合の「テーマ」は編みものに限りませんので、どのようなテーマのグループがあるのかのぞいて見てみるだけでも面白いですね。

People では、デザイナーをはじめ、知人・友人など、Ravelry ユー

英文パターンを手に入れよう

ザを見つけ出してつながることができます。

これ以外にも、色々な活用方法がありますので、どんどん世界が広がります。

Knitty（ニッティ）　http://www.knitty.com/

カナダのオンラインニットマガジンで、年に4回更新される季刊誌です。
このサイトにはアカウント登録などはありませんので、気軽にアクセスできます。パターンだけでなく編みもの全般や毛糸、編み方、糸紡ぎの関連記事や特集などコンテンツも豊富です。
パターンにアクセスするには、2通りの方法があります。

1) 最新号のパターンにアクセスする場合
　「in this issue」（目次）から⇒「patterns」を選ぶ

2) 過去のパターンにアクセスする場合
　「the pattern library」から
　⇒「find past patterns + features」を選んでアイテム別に検索
　⇒「browse back issues by cover」を選んで、バックナンバーの表紙から入り、その先は1)の要領で個別パターンにアクセスする

編みたいパターンを印刷するときには、「print only essentials」を選択して、編むために必要な内容に絞り込んで印刷できます。環境にも編み手にもやさしい機能です（ただし、Fall 2009 号以前ものにはこの機能が採用されていません）。
画面をそのまま全部印刷する場合には「print everything」を選択します。

その他のサイト

Ravelry や Knitty だけでなく、糸メーカーやショップのサイトでも、無料 / 有料パターンが提供されています。

• ROWAN　http://www.knitrowan.com/
イギリスの糸メーカー。年に 2 回自社の製品のパターンブックを出版。パターンをダウンロードするには会員登録が必要。

• DROPS　http://www.garnstudio.com/
ノルウェーの糸メーカー。無料パターンを提供。かぎ針のパターンも豊富。

• Berroco　http://www.berroco.com/
アメリカの糸メーカー。オシャレなウェアの無料パターンも多数。難度表示あり。人気デザイナー Norah Gaughan がかつてデザインチームを率いていた。

• Yarnspirations　http://www.yarnspirations.com/
オーソドックス。昔懐かしいPatonsをはじめBernat等のブランドも扱うオンラインショップ。無料パターンはシンプルなプロモーション用のものが多い。

• Purl Bee　http://www.purlbee.com/
ニューヨークにあるPurl Beeというショップのサイト。毛糸や布地のセレクトショップのようなお店が運営するサイトだけあってシンプルだがオシャレなアイテムが多い。

有料パターンと無料パターン

インターネットのパターンには、毛糸メーカーが自社商品のプロモーションとして提供しているものから、ニットデザイナーによるもの、一般の編みもの愛好家がデザインしたものなど、さまざまな種類があります。
中には、無料で入手できるパターンもたくさんあります。フリーパターン（Free Pattern）とも呼ばれています。
デザイン性が高いものや、有名なデザイナーのデザインのものは有料で販売されていることが多いようです。しかし、無料パターンの中でもそうとは思えないくらい凝ったデザインのものもありますし、有料パターンが期間限定で無料配布されている場合もあります。
有料パターンは、デザイン料だけではなくテクニカルエディター（技術面の編集作業、つまり数字の辻褄が合っているか、パターンに抜けはないか等の検証作業をする担当者）代が入っていることが多いようです。となると、パターンの代金は、品質保証料として見なすこともできるのではないでしょうか。

ところで、有料パターンの場合、決済方法で不安を感じることはありませんか。
ほとんどのサイトが、PayPal（クレジットカード決済代行サービス）またはクレジットカードそのもので決済を行います。どちらの場合もクレジットカード情報の入力が必要となるので、パターンの購入に限った話ではありませんが、特に海外とのやり取りでは抵抗を感

じられるかもしれません。
私の場合、万一のことを考えてリスクを最小限に抑えるためにインターネットショッピングや海外での買い物にしか使用しないクレジットカードを作っています。引き落とし口座もそのカード専用です。カードの引き落としの際に毎回振り込まないといけないのは面倒ですが、もし何かあったらもっと面倒なことになりかねませんので、自分なりの「保険」のように考えています。

パターンのデータ整理はこまめに

インターネット上のパターンはPDFでダウンロードする形式が主流ですので、紙で管理せずに、編むときだけプリントアウトすれば場所もとりません。

ただ、PDFファイルは整理しておかないとデータの保存場所を忘れてしまう可能性があるので、「編みたい！」と思うそのタイミングがやってきたとき、すぐに取り出せるようにファイルを管理しておくと便利です。

例えば「編みもの」という大きなフォルダの中に「Pattern downloads」というフォルダを作成し、PDFをダウンロードしたらとにかくそこに放り込むようにします。その中のファイル数が多くなったら、さらに小分けにします。アイテム別、または気に入っているデザイナーのパターンが集まった場合にはデザイナー別にフォルダを作ります。紙ベースのものをクリアファイル等で管理するのと同じですね。

ちなみに、Ravelryを利用している場合は、My libraryがこの役目を果たしてくれます。ソート（仕分け）機能もあるので便利です。

英文パターンを手に入れよう

洋書・洋雑誌を買ってみる

幼いころ、我が家には祖母が取り寄せた洋書がたくさんありました。当時は書店に注文するしか入手方法がなく、とても珍しく感じましたが、今はインターネットで簡単に購入できます。ネット書店に注文すれば、雑誌や書籍が早ければ翌日に届く時代です。マガジンマート https://www.mag-mart.jp/ など、洋雑誌を専門に扱う日本のサイトもあります。

主な編みもの専門誌

- **Vogue Knitting**
アメリカのニット専門誌。シーズン毎に年5回発行。スタイリッシュな作品が多い。米国外ではDesigner Knittingというタイトルカバーで販売。

- **Interweave Knits**
北米最大の手工芸関連のメディア事業を展開するF+W Media社の傘下にある出版社Interweave社が年に4回発行する棒針あみ専門誌。

- **Interweave Crochet**
上記Interweave社が発行しているかぎ針あみ専門誌。

- **LAINE**
フィンランド発の雑誌。独特の画像と落ち着いた色彩が日本でも定評を得ている。

- **ROWAN**
イギリスの糸メーカーが年に2回発行しているパターンブック。

- **The Knitter**
イギリスのニット専門誌で年に12回発行。有名デザイナーの作品が多くその上品な紙面が定評を得ている。

- Debbie Bliss

イギリスのニットデザイナー Debbie Bliss が編集長兼デザイナーを務めるニット専門誌。同ブランドの糸を使った上品でソフトなデザインが人気でファンも多い。年に 2 回発行。

- Pom Pom

イギリスのニット＆クラフト専門の季刊誌。小ぶりでオシャレな紙面とガーリーな作品が特徴。

洋書には、こんな面白い形のものもあります

英文パターンの特徴を知ろう

英文パターンの読み方を学ぶ前に、日本の編み図との大きな違い5つを確認しておきましょう。

(1) 英文パターンには編み図がない

最も大きな違いは、英文パターンには編み図がないことです（ただし、部分的な模様編みは編み図で説明してあることもあります）。日本の編みものには編み図があるため、編み始める前から完成形のイメージがつかみやすくなっています。ただ、編み図を読んで編むためには、編み図記号の意味や編み方を知らなくてはなりません。英文パターンの場合、「パターン」とはいうものの、基本的には編む手順や操作が一つずつ文章で書かれています。「手順」なので「編み方」もその場で確認しながら編み進めます。ちなみに、文章形式となっているのは、編み方が代々口頭で言い伝えられてきた名残だと言われています。

(2) 表の段と裏の段の編み方がそのまま書かれている

日本の編み図では、全ての段が表側から見た状態の記号で書かれています。

メリヤス編み

ガーター編み

上の編み図で、メリヤス編みの2段目は表編み記号になっていますが、実際には裏編みをします。
　しかし、英文パターンだと次のようになります。

メリヤス編み

RS: Knit（表側：表編み）
WS: Purl（裏側：裏編み）
Repeat these 2 rows
（この2段を繰り返す）

ガーター編み

RS: Knit（表側：表編み）
WS: Knit（裏側：表編み）
Repeat these 2 rows
（この2段を繰り返す）

日本の編み図に慣れていると、往復編みの場合には、裏側を編み図にある記号の「逆」に編むよう頭の中で無意識のうちに変換してしまいます。
でも、英文パターンではこの変換プロセスが必要ありません。たとえばメリヤス編みは「表側は表編み、裏側は裏編みする」と、そのままの編み方が書かれています。
編みもの上級者の方は、こういう英文パターンの書き方に頼りなさや不安を覚えることがあるかもしれません。しかし逆に、編み図の読み方にまだ慣れていない初心者には理解しやすいですし、経験者でも一度慣れると単純に書かれた通りに編み進めばよいことが分かるので、気楽に編むことができます。

(3) 書いてあることだけを順番に編めばOK！

英文パターンでは「編み方・手順」を順序立てて文字で説明しています。
どの段の何目めで何をするかを知るために、自分で編み図を見ながら目数や段数を数える必要がありません。書かれていることをその通りに編めばよいのです。
逆に言うと、書いてあること以外はしなくてよいということになります。
例えば、日本では「かけ目」をした次の段では穴が空かないようにその「かけ目」をねじって編むことがよくあります。その習慣が身についている人からは、英文パターンで編んでいるときに「ねじらなくてもいいのですか？」と聞かれることがあります。「書いてな

英文パターンの特徴を知ろう

いのでいらないですよ。ねじらないといけない場合にはかいてありますからね。」

(4) 複雑な模様も構えずに編める

編み図の状態では複雑になってしまう模様があります。
たとえば、表目や裏目だけなら裏側を編むときも問題なく「変換」できますが、さまざまな方向の2目一度を裏側で編まないといけない場合、「表から見るとこのようにならないといけないので右上2目一度（裏）？あれ、左上かな…？」と変換作業に手間どり、編む気が失せることもあると思います。でも、英文パターンでは表側でも裏側でも編み方が同じようにそのまま書かれているため、気が付けば「書かれている通りに編んでいるだけなのに複雑な模様を編んでいた！」と驚くこともあります。

(5) 段数の数え方が違う

日本の編み図では作り目の段を1段目として数えることが多いですが、英文パターンでは数えません。作り目は作り目なのです。その次の段、または模様の始まりがRow 1としてカウントされます。さらに模様が変わる場合や新しいセクションの始まりにも仕切り直して再びRow 1から始まります。段数を指定せず「〇cmになるまで編む」などと書かれていることも多く、日本ほど段数を気にしていないようにも感じます。
こうしてみると、Rowは「段」のことではありますが、数え方においては日本の「段」の概念とは少し異なるのかもしれません。
最初は戸惑うかもしれませんが、何事も柔軟に考えるようにすれば大丈夫です。

英文パターンの基本的な構成

ここからは、実際のパターンを使って、英文パターンの基本的な構成を見ていきましょう。次のページからカーディガンの英文パターン全体の原文と英訳を掲載していますので、p36からの解説と合わせて読んでみてください。

サンプルにするのは、Isabell Kraemerさんの Paulie[※] というカーディガンのパターンです。Ravelryから無料でダウンロードできます。http://www.ravelry.com/patterns/library/paulie

パターンの最初に使用糸やサイズなどの基本的な情報が書かれているのは日本の編み図と同じです。その後、略語を使った編み方の説明に入ります。雑誌やデザイナーによって書き方やスタイルにずいぶん違いがあり、一概にこうとはいえないのが難しいところですが、ここで解説するいくつかの用語を押さえれば読みやすくなります。

> ※Paulie という名前は、ちょうど Isabell さんがこのパターンをデザインした時期に生まれた甥御さんの Paul くんにちなんでつけたそうです。
> 作品のインスピレーションのもとはデザイナーさんによって色々だと思いますが、Isabell さんの場合は常に目から入った情報や刺激を自分の中で蓄積していて、デザインする時にそれらを放出するのだそうです。そのときどきのひらめきによって生まれるデザインともいえるでしょう。
> Isabell Kraemer さんのデザインは、Ravelry でいろいろ見ることができます。
> http://www.ravelry.com/designers/isabell-kraemer

基本編

Paulie

materials: 2 (3, 3, 4) skeins fortissima alpaka (420m/ 100g) or other fingering weight yarn (maincolour)
1 skein trekking pro natura (420m/ 100g) or other fingering weight yarn (contrastcolour)
us 2 ½ (3.0 mm) circulars and dpns
5 buttons
tapestry needle
markers
scrap yarn or holders

gauge: 26 sts x 38 rows = 10 cm x 10 cm in st st

paulie is worked seamless topdown. the upper part, buttonbands, collar and bottoms are worked in garter st, main part is worked in st st.

sizes: xs (s, m, l)
finished bust circumference: 78 (86, 96, 106) cm

st st (worked flat): k on rs, p on ws
st st (worked in rounds): k all sts
garter st (worked flat): k on rs and ws
garter st (worked in rounds): rnd 1: k all sts
rnd 2: p all sts

colourchanges for stripes: 10 rows mc, 2 rows cc

© grasflecken 2011. Pattern is for unlimited personal use. Please do not reproduce or sell this pattern, or items that are knitted from this pattern.
For any questions please contact isabell.kraemer72@web.de

材料　　糸：　　地色：fortissimo alpaka（もしくは他の中細程度の糸）、
　　　　　　　　1カセの糸長が420m、重さが100g
　　　　　　　　必要糸量は、XSの場合2カセ、SとMサイズは3カセ、Lサイズは4カセ

　　　　　　　　配色：trekking pro natura（もしくは他の中細程度の糸）、
　　　　　　　　1カセの糸長が420m、重さが100g
　　　　　　　　必要糸量は、1カセ（全サイズ共通）

　　　　針：　　US2 ½（3.0mm、日本の3号相当）の輪針と4本針（または5本針）

　　　　その他：ボタン5個、とじ針、マーカー、別糸またはほつれ止め

ゲージ　26目、38段（メリヤス編みで10cm四方の場合）

Paulieはとじはぎ無しでトップダウンに（ネックから裾に向かって）編み進み、
上部、前立て、衿、裾はガーター編み、本体の中心部分はメリヤス編みで編みます。

サイズと仕上がりバスト寸法　：XS 78cm（S 86cm, M 96cm, L 106cm）

メリヤス編み（平編みの場合）：表側：表編み
　　　　　　　　　　　　　　　　裏側：裏編み
メリヤス編み（輪編みの場合）：すべて表編み
ガーター編み（平編みの場合）：表側、裏側とも　表編み
ガーター編み（輪編みの場合）：1段め：表編み
　　　　　　　　　　　　　　　　2段め：裏編み

ストライプの色替え：地色10段、配色2段（くり返し）

英文パターンの基本的な構成

Paulie

p49

```
instructions:

Co 82 (82, 92, 106) sts in maincolour (fortissima alpaka)

setup row(ws):    k1, pm, k2, pm, k12 (10, 14, 18), pm, k2, pm, k48 (52, 54, 60), pm, k2,
                  pm, k12 (10, 14, 18), pm, k2, pm, k1
```

p52

```
inc row 1:        kfb, sm, k2, sm, *m1l, k to next m, m1r, sm, k2, sm, rep from* twice,
                  kfb          (8 sts increased)
next row:         k
inc row 2:        k1, m1r, k1, m1r, sm, k2, sm, *m1l, k to next m, m1r, sm, k2, sm, rep
                  from* twice, m1l, k1, m1l, k1    ·(10 sts increased)
next row(ws):     k
inc row 3:        k1, m1r, *k to next m, m1r, sm, k2, sm, m1l*, rep from * to * 3 times
                  more, k to last st, m1l, k1      (10 sts increased)
next row.:        k
```

p52

```
rep last 2 rows 0 (0, 2, 2) time(s) more
```
**you should have 6 (6, 10, 10)sts for each front, 18 (16, 24, 28)sts for each sleeve
and 54 (58, 64, 70)sts for back, excl. the sts between the markers**

```
next row(inc row):     rep inc row 3
next row:              k
next row(inc row):     rep inc row 3
next 3 rows:           k

rep last 6 rows 6 (7, 8, 8) times more
```
**you should have 34 (38, 46, 46)sts for each front, 46 (48, 60, 64)sts for each sleeve
and 82 (90, 100, 106)sts for back, excl. the sts between the markers**

p53

only sizes xs and s:
change to st st (k on rs, p on ws)
```
next row(inc row):     rep inc row 3
next row:              p
next row(inc row):     rep inc row 3
work next 3 row in st st
```

change to contrastcolour (trekking pro natura)
```
next row(inc row):     rep inc row 3
next row:              p
```

only sizes m and l:
change to st st (k on rs, p on ws) continue inc only for fronts and back
```
next row(inc row):     k1, m1r, *k to next m, m1r, sm, k2, sm, k to next m, sm, k2, sm,
                       m1l, rep from * once more, k to last st, m1l, k1
                                  (6 sts increased)
next row:              p

rep last 2 rows 1 (4) time(s) more
```

change to contrastcolour (trekking pro natura) and rep 1 more time

dividing body and sleeves (all sizes):
now you have 40 (44, 52, 58) sts for each front, 52 (54, 60, 64) sts for each sleeve and
88 (96, 106, 118) sts for back, excl. the sts between the markers

```
next row(rs):          change to mc
                       k to first m, remove m, k1, put the next 54 (56, 62, 66) sts on
                       waste yarn or a holder (sleeve sts), co 10 (12, 12, 14) sts, k1,
                       remove m, k to next m, remove m, k1, put next 54 (56, 62, 66) sts
                       on waste yarn or a holder (sleeve sts), co 10 (12, 12, 14) sts,
                       k1, remove m, k to end
next row(ws):          p
setup row:             k46 (51, 59, 66), pm, k100 (110, 120, 134), pm, k to end
                                                                          page 2
```

© grasflecken 2011. Pattern is for unlimited personal use. Please do not reproduce or sell this pattern, or items that are knitted from this pattern.
For any questions please contact isabell.kraemer72@web.de

編み方

地色で 82(82、92、106)目作り目をする

準備の段（裏）：表1、マーカー入、表2、マーカー入、表12（10、14、18）、マーカー入、表2、マーカー入、表48（52、54、60）、マーカー入、表2、マーカー入、表12（10、14、18）、マーカー入、表2、マーカー入、表1

増し目の段1：kfb（編み出し増し目）、マーカー移、表2、マーカー移、【左ねじり増し目、次のマーカーまで表編み、右ねじり増し目、マーカー移、表2、マーカー移】、【~】を2回くり返し、kfb （8目増）

次の段：表編み

増し目の段2：表1、右ねじり増し目、表1、右ねじり増し目、マーカー移、表2、マーカー移、【左ねじり増し目、次のマーカーまで表編み、右ねじり増し目、マーカー移、表2、マーカー移】、【~】を2回くり返し、左ねじり増し目、表1、左ねじり増し目、表1 （10目増）

次の段（裏）：表編み

増し目の段3：表1、右ねじり増し目、【次のマーカーまで表編み、右ねじり増し目、マーカー移、表2、マーカー移、左ねじり増し目】、【~】をあと3回くり返し、最後の1目残るまで表編み、左ねじり増し目、表1 （10目増）

次の段：表編み

今の2段をあと0（0、2、2、）回くり返す
この時点で目数は前身頃が各6（6、10、10）目、袖は左右共に18（16、24、28）目、後ろ身頃が54（58、64、70）目となる。マーカーとマーカーの間の目は除く

次の段（増し目の段）：「増し目の段3」をくり返す
次の段：表編み
次の段（増し目の段）：「増し目の段3」をくり返す
次の3段：表編み

今の6段をあと6（7、8、8）回くり返す
この時点で目数は前身頃が各34（38、46、46）目、袖は左右共に46（48、60、64）目、後ろ身頃が82（90、100、106）目となる。マーカーとマーカーの間の目は除く

サイズXSとSのみ対象：メリヤス編みに切り替える
（表側で表編み、裏側で裏編み）

次の段（増し目の段）：「増し目の段3」をくり返す
次の段：裏編み
次の段（増し目の段）：「増し目の段3」をくり返す
次の3段：メリヤス編み

配色糸に替える

次の段（増し目の段）：「増し目の段3」をくり返す
次の段：裏編み

サイズMとLのみ対象：メリヤス編みに切り替える
（表の段で表編み、裏の段で裏編み）
前後身頃のみ増し目を続ける

次の段（増し目の段）：表1、右ねじり増し目、【次のマーカーまで表編み、右ねじり増し目、マーカー移、表2、マーカー移、次のマーカーまで表編み、マーカー移、表2、マーカー移、左ねじり増し目】、【~】をもう一度くり返し、最後の目が1目残るまで表編み、左ねじり増し目、表1。 （6目増）

次の段：裏編み

今の2段をあと1(4)回くり返す
※Mは1回、Lは4回

配色糸に替えて、もう一度くり返す

身頃と袖を分ける（全サイズ共通）：
この時点で目数は左右前身頃が各40（44、52、58）目、袖が左右共に52（54、60、64）目、後ろ身頃が88（96、106、118)目となる。マーカーとマーカーの間の目は除く

次の段（表側）：地色に替える　最初のマーカーまで表編み、マーカーを外す、表1、次の54（56、62、66）目を別糸またはほつれ止めに移し（袖分）、増し目を10（12、12、14）目する、表1、マーカー外、次のマーカーまで表編み、マーカー外、表1、次の54（56、62、66）目を別糸またはほつれ止めに移す（袖分）、増し目を10（12、12、14）目する、表1、マーカー外、段の最後まで表編み

次の段（裏側）：裏編み

準備の段：表46（51、59、66）目、マーカー入、表100（110、120、134）目、マーカー入、段の最後まで表編み

英文パターンの基本的な構成

Paulie

work 7 rows in st st, change to cc and work 2 rows.
stripes are worked 10 rows in mc, 2 rows in cc
work in st st for 5 cm
waistshaping:

dec row: k to 4 sts before first m, ssk, k to m, sm, k2, k2tog, k to 4 sts before next m, ssk, k to m, sm, k2, k2tog, k to end
                          (4 sts decreased)

work in st st for 5 cm rep dec row once more   184 (204, 230, 258) sts

work in st st for 8 cm

next row: k to 4 sts before first m, m1r, k to m, sm, k4, m1l, k to 4 sts before next m, m1r, k to m, sm, k4, m1l, k to end
                          (4 sts increased)

rep inc row every 12th row 4 times more   204 (224, 250, 278) sts

work in st st until piece measures 4 cm less than your desired length, continue working in mc and work next 20 rows in garter st. bo in pattern.

sleeves:

with mc pick up and k54 (56, 62, 66) sts from waste yarn or holder, pick up and k5 (6, 6, 7) sts from co edge, pm (for colourchanges), pick up and k5 (6, 6, 7) sts from co edge, join to work in rounds

keep working stripes as you did before: 10 rnds mc, 2 rnds cc. work in st st for 5 cm

dec round: sm, k2 sts, k2tog, k to 4 sts before m, ssk, k to m

rep dec round every 8 cm 3 times more.   56 (60, 66, 72) sts

work in st st until sleeve measures 35 cm
work next 20 rounds in garter st and bo all sts in pattern.

rep for second sleeve.

page 3

© grasflecken 2011. Pattern is for unlimited personal use. Please do not reproduce or sell this pattern, or items that are knitted from this pattern.
For any questions please contact isabell.kraemer72@web.de

次の7段をメリヤス編みで編み、配色糸に替えて2段編む
ストライプは地色で10段、配色糸で2段ずつ編む
メリヤス編みであと5cm編む

ウェストの増減目：

減目の段：　最初のマーカーの4目手前まで表編み、右上2目一度、マーカーまで表編み、マーカー移、表2目、左上2目一度、次のマーカーの4目手前まで表編み、右上2目一度、マーカーまで表編み、マーカー移、表2目、左上2目一度、段の最後まで表編み（4目減）

メリヤス編みであと5cm編み、「減目の段」をもう一度編む。　184（204、230、258）目

メリヤス編みであと8cm編む

次の段：　最初のマーカーの4目手前まで表編み、右ねじり増し目、マーカーまで表編み、マーカー移、表4目、左ねじり増し目、次のマーカーの4目手前まで表編み、右ねじり増し目、マーカーまで表編み、マーカー移、表4目、左ねじり増し目、段の最後まで表編み（4目増）

増し目の段を12段ごとにあと4回くり返す。　204（224、250、278）目

お好みの着丈まで4cmの長さまで編む。続けて地色でガーター編みを20段編み、伏せ止めする

袖：

別糸またはほつれ止めに休めておいた54（56、62、66）目を針に移しながら地色で表編み、増し目部分から5（6、6、7）目拾い、マーカーを入れる（色替えの目印）、増し目部分から5（6、6、7）目拾い、輪に編み始める

身頃部分と同様にストライプ模様を続ける　　地色10段、配色2段、メリヤス編みで5cm編む

減目の段：　マーカー移、表2目、左上2目一度、次のマーカーの4目手前まで表編み、
　　　　　　右上2目一度、マーカーまで表編み

減目の段を8cmごとにあと3回くり返す　　56（60、66、72）目

袖は袖丈が35cmになるまでメリヤス編みで編む。続けてガーター編みで20段編み、伏せ止めする

もう片方の袖も同じ要領で編む

英文パターンの基本的な構成

Paulie

collar and buttonbands:
with mc and right side facing, pick up and k sts from frontedges.
1 st per every garter ridge, 2 sts per 3 rows over stst part and every st from co edge

beginning at the bottom of the right front, continuing around the neck and ending at the bottom of the left front.

on next row(ws) place marker 12sts below the end of v-neck shaping on right front, k to 10 sts before end, pm, k10

count sts between markers and divide into 4 parts for buttonholes. equalize numbers (by replacing the upper marker) if necessary.
on next row place markers for buttonholes. (5 markers on right front)

work 7 rows in garter st (ending on a ws row).
next row.:   k8, *k2tog, remove marker, yo, yo, ssk, k to 2 sts before next m, rep
                from * to 2 sts before last m, k2tog, remove marker, yo, yo, ssk,
                k to end
next row.:   *k all sts until you reach the yo, p the first yo, k the second yo,
                rep from * to end

work 5 rows in garter st (ending on a rs row).
on next row place markers at the end of v-neck on both front sides.

next row: k to second m, turn
next row: sl1, k to first m, turn
next row: sl1, k to 2 sts before last turn, turn
next row: sl1, k to 2 sts before last turn, turn

rep last 2 rows 6 times more

next row: sl1, k to 4 sts before last turn, turn
next row: sl1, k to 4 sts before last turn, turn

rep last 2 rows once more

next row: sl1, k to end
next row: k all sts

change to cc and start **i-cord bo**.
co 3 sts and place them in front of the first st of right front bottom on left needle.
start i-cord bo:
                *k2, k2tog tbl (the last st of i-cord with the first st of the front
                edge), tranfer i-cord sts back to left needle
                and rep from * throughout to end

finish i-cord bo:
slip 3 sts back to left needle, k1, k2tog tbl
slip 2 sts back to left needle, k2tog
pull thread through remaining st and secure.
weave in and secure all ends. block to measurements and sew on buttons.

© grasflecken 2011. Pattern is for unlimited personal use. Please do not reproduce or sell this pattern, or items that are knitted from this pattern.
For any questions please contact isabell.kraemer72@web.de

Paulie

衿と前立て：
外表にして、地色で前端から目を拾う。ガーター編み部分からガーター1山（2段）から1目、メリヤス編み部分は3段から2目の割合で拾い、作り目部分からはすべての目を拾う

右前端の下から拾い始め、続けて衿ぐり、そして左前端の下まで拾い続ける

次の段（裏側）では右前立てのVネック（Yネック）の増し目の終点から12目下の位置にマーカーを入れ、段の最後から10目手前まで表編みしてからマーカーを入れ、表目で10目を編む

マーカーとマーカーの間の目数を数え、ボタンホールを開けるために4分割する。必要に応じて上のマーカーの位置を調整しながら目数を4等分する。次の段でボタンホール位置にマーカーを入れる。（右前立てにはマーカーが5つ入る）

ガーター編みで7段編む（最後の段は裏側）
次の段：表8、【左上2目一度、マーカー外、かけ目×2回、右上2目一度、次のマーカーの2目手前まで表編み】、最後のマーカーの2目手前まで【～】をくり返し、左上2目一度、マーカー外、かけ目×2回、右上2目一度、段の最後まで表編み
次の段：【かけ目まで表編み、最初のかけ目は裏、次のかけ目は表】、【～】をくり返し段の最後まで編む

次の5段をガーター編みで編む（最後の段は表側）
次の段では両前立てのVネック（の増し目）の終点にマーカーを入れる。

次の段：2つ目のマーカーまで表編み、編み地を返す
次の段：すべり目、1つ目のマーカーまで表編み、編み地を返す
次の段：すべり目、前段で引き返した位置の2目手前まで表編み、編み地を返す

次の段：すべり目、前段で引き返した位置の2目手前まで表編み、編み地を返す

今の2段をあと6回くり返す

次の段：すべり目、前段で引き返した位置の4目手前まで表編み、編み地を返す
次の段：すべり目、前段で引き返した位置の4目手前まで表編み、編み地を返す

今の2段をあと1回くり返す

次の段：すべり目、段の終わりまで表編み
次の段：すべての目を表編み

配色糸に替え、次の要領で i-cord bind off を編み始める
作り目を3目して、左針にかかっている右前身頃の下端の目の前に移す

i-cord bind off を編み始める：
【表2、次の2目（i-cordの3目めと前立ての1目）をねじり目にして一度に編む、i-cordの3目を左針に戻す】、【～】を段の終わりまでくり返す

i-cord bind off の編み終わり：
3目を左針に戻し、表1、2目をねじり目にして一度に編む
2目を左針に戻し、左上2目一度
糸を切り、糸端を残った目に通して止める。
糸端の始末をする。ブロッキングをして寸法を調整し、ボタンを付ける

Paulie

p48

```
abbreviations:
    k       knit
    p       purl
    st st   stockinette stitch
    st(s)   stitch(es)
    mc      main colour
    cc      contrast colour
    rs      right side
    ws      wrong side
    m       marker
    pm      place marker
    sm      slip marker
    rep     repeat
    inc     increase
    m1l     make 1 left (left leaning inc)
            pick up loop between sts from the front, k into backloop
    m1r     make 1 right (right leaning inc)
            pick up loop between sts from the back, k into frontloop
    dec     decrease
    ssk     slip, slip, knit
    k2tog   knit 2 sts together
    tbl     through back loop
    yo      yarn over
    sl1     slip 1 st
```

© grasflecken 2011. Pattern is for unlimited personal use. Please do not reproduce or sell this pattern, or items that are knitted from this pattern. For any questions please contact isabell.kraemer72@web.de

略語表:

k	:	表編み
p	:	裏編み
st st	:	メリヤス編み
st(s)	:	編み目
mc	:	地色
cc	:	配色
rs	:	編み地の表側
ws	:	編み地の裏側
m	:	マーカー
pm	:	マーカーを入れる
sm	:	マーカーを移す
rep	:	くり返す
inc	:	増し目
m1l	:	ねじり増し目（左にねじる） 目と目の間の渡り糸を前から拾い、ねじり目を編む
m1r	:	ねじり増し目（右にねじる） 目と目の間の渡り糸を後ろから拾い、表目を編む
dec	:	減目
ssk	:	右上2目一度
k2tog	:	左上2目一度
tbl	:	ねじり目にして
yo	:	かけ目
sl1	:	1目移す

英文パターンの基本的な構成

必要なもの（材料、用具）
< Materials / Supplies / Materials needed >

まずは糸や針、ボタンやマーカーなど、作品づくりに使うものの説明です。Yarns（毛糸）、Needles（編み針）、Notions（その他の用具＝ボタン、縫い針、マーカーなど）など、それぞれを別の項目として書いてある場合もあれば、サンプルパターンのように Materials としてまとめて書かれている場合もあります。それでは、順に見ていきましょう。

糸（yarn）について

（サンプルパターン）
2 (3, 3, 4) skeins fortissima alpaka (420m/ 100g) or other fingering weight yarn (main colour)
1 skein trekking pro natura (420m/ 100g) or other fingering weight yarn (contrast colour)

（日本語訳）
地糸：fortissima alpaka という銘柄の糸（1カセの糸長が420m、重さが100g）もしくは他の中細程度の糸を、サイズXSの場合2カセ（SとMサイズは3カセ、Lサイズは4カセ）
配色糸：trekking pro natura という銘柄の糸（1カセの糸長が420m、重さが100g）もしくは他の中細程度の糸を、全サイズ1カセ

このセクションでは、パターンで使用している毛糸の名前（銘柄）、色番や色名と分量、1玉／1カセの重さ・糸の長さが書かれています。さっそく「2(3,3,4)」という見知らぬ表記が出てきていますが、これは、各サイズで使う糸の量を表しています。

サイズ別の表示について 参照 p45

糸の種類

サンプルの、「fortissima alpaka」の部分です。Schoeller ＋ Stahl 社の Fortissima Alpaka という糸が指定されています。また、「or other fingering weight yarn」とあるのは、「fingering weight yarn」、日本の合細〜中細の太さの糸なら代用可能ということです。

指定糸以外で編む方法について 参照 p39

糸の太さ対照表 参照 p79

重さと長さ

「(420m/ 100g)」の部分です。これは、Fortissima Alpaka が重さ 100g あたり長さが 420m あるということ。糸の長さと重さは、どんな毛糸でもたいていラベルに書いてあり、指定糸以外で編むときの大きなヒントになります。

指定糸以外で編む方法について 参照 p39

重さは基本的にはグラム（g）表示ですが、オンス（ounce、oz）で表示されている場合もあります。1 ounce(oz)は 28.3495 g です。糸長はメートル（m）かヤード（yd）で表されます。サンプルパターンのように両方書かれていることもあります。1 yard（yd）は 91.44 cm です。

玉／カセ／巻（束）の違い

[2 (3,3,4) skeins]の部分です。日本で売っている糸はたいてい「玉」で売っていますが、海外ではさまざまなかたちの糸が売られています。数え方もそれぞれの形状に合わせて異なり、糸玉は ball（ボール）、カセは hank（ハンク）、どちらにも使える単位として skein（スケイン）があります。

一番便利でよく見る表現は skein ですが、厳密には、日本で一般的に販売されている形（樽型で糸が中心と外からのどちらからでも引き出せる、私たちが「糸玉」と呼んでいるもの）を指します。同じ糸玉でも、樽型ではなく少し平らなドーナッツ型のものも時々見かけます。これは見たままで donut（ドーナッツ）と呼ばれるようです。

基本編 37

英文パターンの基本的な構成

日本でも糸の量り売りをしているお店があります。また、まとまった毛糸を使うサイズの作品をどうしても糸継ぎをしないで編みたい！というときには cone（コーン）で購入することもできます。糸によっては工場からコーン巻きで出荷されることもあるようです。ちなみに、糸巻器で巻いた後の形状を cake（ケイク）と呼びます。

糸をカセで購入する場合は、編む前に必ず糸玉（ここで言う cake）に巻きます。**カセくり器**（swift）と**糸巻器**（ball winder）を持っていない場合はお店で巻いてもらうようにしましょう。人手で巻こうと思うとなかなか時間と労力がかかります。

色

日本の場合、色は数字（色番）で表すのが主流ですが、海外の糸には色番とともに色名が付いている場合があります。
Tomato red、Wasabi や Cherry のように食べものから取っているものや、Tuscany（トスカーナ）や Honolulu（ホノルル）のように地名由来のもの、また rain water（雨水）や worn denim（着古したデニム）などのように日常生活から連想されたものなど、バリエーション豊かです。色のイメージがしやすい名前が多いので、色名を見ているだけでも楽しめます。

ちなみに、Paulieのように糸種だけ指定して、「色はお好みで」という場合も多いようです。英文パターンの自由さを垣間見ることができますね。

Tips　代わりの糸の選び方

さて、Paulieの指定糸「Fortissima Alpaka」ですが、日本では手に入りにくいようです（2014年現在）。この糸に限らず、英文パターンを日本で編むときは、指定糸をそのまま使いにくいことが多いです。日本での取り扱いがない場合や、糸がすでに廃番になっていることもあるからです。
そこで、代わりの糸を探すことになりますが、どうすればぴったりの糸を選べるでしょうか。サンプルパターンの場合で考えてみましょう。

「Fingering weight yarn」と書かれているのを参考にして、日本の合細～中細の糸を探してもいいですが、少しあいまいな表現ですので、これでおおまかに絞り込んだあとは、ゲージを基準にすると良いでしょう。
gaugeの部分を見ると、「メリヤス編みで26目、38段」とあるので、毛糸のラベルを見て、標準ゲージが「26目、38段」と近いものを探すのが一番の近道でしょう。

さらにヒントとなる要素は糸の重さと長さの関係です。Paulieでは「420m/100g」ですので、重さに対する糸の長さが同等の糸や、それに近い糸を探すとよいです。

元々は糸紡ぎで用いられていた「WPI (wraps per inch)」（次のページを参照）という考え方もあります。こちらも利用できる糸を探すときの目安になります。

英文パターンの基本的な構成

Tips　WPI（wraps per inch）を活用しよう

日本語では「極細」、「合細」、「中細」、「合太」、「並太」、「極太」、「超極太」といった言葉で糸の太さを表現しますが、厳密な定義はありません。メーカー間で統一した基準を設定するのが難しいようです。

英文パターンを見ても、アメリカでは sport weight、worsted、bulky などの表現が、イギリスでは double knitting、aran、chunky などの表現があり、それとは別に ply（何本撚り）といった表現も使われていたりして、混乱しがちです。

前ページで説明したように、太さを表す言葉を参考にしながらゲージや重さと糸長を目安にするとより正確です。

針の太さ対応表
参照 ▶ p80,81

もう一つ、WPI（wraps per inch）つまり「1インチ当たりの巻き数」という考え方もあります。

WPIを測る方法は簡単です。まず表面が平らな鉛筆など、筒状のものに毛糸を巻き付けます（つまり wrap する）。そして、1インチ（約2.5cm）で何回巻けたかを数えます。たったこれだけです。

ここで気を付けたいのは、糸を巻くときにきつく巻き過ぎないこと。きつく引っ張ると、糸が伸びて細くなり、それだけ余分に巻くことになってし

まいます。また、糸が重ならないよう自然に巻くこともポイントです。「測るたびに値が異なる」という声も聞きますので、何度か巻いてみて、その平均値を使うとよいかもしれません。

WPI は、もともと糸を紡いだときに糸の太さを測るための方法です。海外には WPI tool という便利な専用グッズもあります。
正式な尺度として毛糸のラベルに記されているわけではありませんが、ラベルがなくなった糸の太さを確認したいときや、1 本の糸の代わりに 2 本引き揃えて代用したいときにその太さを確認するのにも、知っておくと便利な考え方です。

英文パターンの基本的な構成

針（Needles）について

（サンプルパターン）
US 2 ½ (3.0mm) circulars and dpns
（日本語）
日本の 3 号の輪針と、3 号の 4 本針（5 本針）

編み針については、Paulie のように Materials の中に書いてあることもあれば、Needles として別の項目として書いてあることもあります。Needles という単語が出てこなくても、circular や dpns、spn、かぎ針編みの場合は crochet hook または hook などの単語が出てきたら、編み針のことです。

針の号数

日本、US、UK で号数が表す太さが異なります。号数で判断するのはまぎらわしいので、必ず何 mm の針なのかを対応表で確認しましょう。サンプルパターンにある US2 ½（アメリカの 2.5 号針）は日本の 3 号針と同じで、直径 3mm の針です。

針の太さ対応表 参照 p80,81

> **Tips　ぴったりの針がないとき**
>
> US や UK の号数とぴったり同じ太さの針が日本にないこともあります。たとえば **US 3** は **3.25mm** なので、日本の 3 号（3mm）と 4 号（3.3mm）の間になります。そんなときは、自分の手加減とも相談しつつ近い太さの針、または近いゲージが出る針を選びましょう。

針の種類

日本では、往復編みなら 2 本針、輪編みなら 4 本針や輪針を使うことが多いのですが、英文パターンでは往復編みでも目数が多くなると輪針を使うことが多いです。
慣れていないととまどうかもしれませんが、実は輪針での往復編み

は慣れるととても快適です。特に編み地が大きくなると、棒針だと重みがどちらかに偏りますが、輪針だと重さが分散されるので、あまり気になりません。

輪針の活用法について 参照 p112

straight needles	棒針
double pointed needles (dpn)	両端が尖った針、つまり4本または5本針
single pointed needles (spn)	玉付き2本針
circular needles	輪針

その他の用具（Notions / Accessories）について

（サンプルパターン）
5 buttons, tapestry needle, markers, scrap yarn or holders
（日本語）
ボタン5つ、とじ針、マーカー（目数リング）、
別糸またはほつれ止め

糸や編み針以外に、パターンで使う用具についても書いてあります。マーカー、とじ針、別糸など、必要なものを用意しておくとよいですね。主に使われるのは、次のような用具です。

マーカーの使い方 参照 p104

marker (m)	マーカー、目数リングを指す
removable marker	付け外しができるマーカー、つまり段数マーカー
safety pin	安全ピン
tapestry needle	とじ針
cable needle (cn)	なわ編み針
stitch holder	ほつれ止め
scrap yarn, waste yarn	別糸

英文パターンの基本的な構成

ゲージ
< Gauge / Tension >

（サンプルパターン）
26 sts x 38 rows = 10 cm x 10 cm in st st
（日本語）
メリヤス編みで 10 センチ平方＝ 26 目× 38 段

基本は「何目、何段」

日本では「26目38段が10cm四方」と表されるゲージ。
英語で「XX 目、YY 段」は「XX sts and YY rows または rnds」と表わされます。

Paulie のように 10cm × 10cm のときもあれば、4inch × 4inch とインチで表される場合もあります。4インチは 10.16cm なので、10cm 四方とほぼ同じと考えていいでしょう。また、「per inch」と、1インチ（約 2.5cm）あたりの段数・目数を示しているパターンもあります。

「in ～」は「～編みで」、つまりゲージを取るときの編み方になります。In St st (in stockinette stitch) だと「メリヤス編みで」、in garter st だと「ガーター編みで」、in K1, P1 ribbing だと「1 目ゴム編みで」となります。また、そのパターンで使用する模様編みがある場合には in stitch pattern 等と書かれています。

同じ「段」でも往復編みと輪編みでは表記が違う

「段」は、往復編みの場合には row で、輪編みの場合には row の代わりに rounds (rnds)、つまり1周、2周という言い方になります。英文パターンに限ったことではありませんが、往復編みの場合と輪編みの場合とでは、同じ糸を同じ号数で編んでも手加減が異なる場合がありますので、余裕があればそれぞれのゲージを取ってみてもいいですね。

サイズ
< Size / Sizing / Finished Size / Finished Measurements / Knitted Measurements >

（サンプルパターン）
sizes: XS (S, M, L)
finished bust circumference: 78 (86, 96, 106) cm

（日本語）
サイズ：XS (S, M, L)
バストの仕上がり寸法：78 (86, 96, 106) cm

英文パターンはサイズ展開が豊富

日本の編み図はM寸とL寸のサイズ展開が主流で、ワンサイズの場合さえありますが、英文パターンの場合には平均で5通りのサイズが提供されています。さらにたくさんのサイズ展開があることも珍しくありません。Paulieの場合はXS、S、M、Lの4通りの寸法です。

サイズの並び方・表し方

サイズはXS (S, M, L)のように並んでいて、ふつうは一番左側の、カッコの外の数字が一番小さい寸法になります。そこから順に大きくなります。サンプルの場合は、一番左がXSで、バストの仕上がり寸法は78cm。Sは86cm、Mは96cm、Lは106cmとなります。
このサイズ表記の順番は、パターン全体を通して共通です。たとえば、Materialsのところで、「materials: 2 (3, 3, 4) skeins」とありますが、これはXSでは2カセ、Sでは3カセ、Mでは3カセ、Lでは4カセ必要、ということになります。
サイズごとに必要な糸量、目数や寸法など数字が異なる場合は、この形式で書かれているので慣れておくとよいですね。

仕上がりサイズ

なお、ウェアの場合にはバスト寸法を基準として表示している場合が多いです。Paulieでも、それぞれのサイズのバストの仕上がり寸法が示されています。

サイズ選びについて 参照 p50

パターンについての解説・デザイナーのコメント
< Pattern Notes / Notes >

（サンプルパターン）
Paulie is worked seamless topdown, the upper part, buttonband, collar and bottoms are worked in garter stitch, main part is worked in st st.

（日本語）
Paulieはとじはぎ無しでトップダウンに編み進み、上部、前立て、衿、裾はガーター編み、本体の中心部分はメリヤス編みで編みます。

作品の簡単な解説やデザイナーのコメントなどです。
日本の編み図だと模様も含め、一目で全体像が確認できますが、英文パターンでは全体像がわかりにくいので、このセクションで補足してくれます。top down（ネックから下に向かって編む）、bottom up（裾から上に向かって編む）などの編み方向や、seamless（とじはぎ無し）といった特徴、そして特殊な技法を用いる場合なども、ここに書かれています。

さらにデザインの発想、コンセプトなど、日本の編みもの本ではなかなか知ることができない情報が添えられている場合もあります。パターンによってはこのようなセクションは全く設けずに直接編み方の説明が始まることもあります。

パターン中のテクニックや略語の解説
< Stitch Patterns/Stitch Guide/Stitch Glossary >

基本の編み方の解説

（サンプルパターン）
st st (worked flat): k on rs, p on ws
st st (worked in rounds): k all sts
garter st (worked flat): k on rs and ws
garter st (worked in rounds): rnd 1: k all sts
　　　　　　　　　　　　　　rnd 2: p all sts

（日本語）
メリヤス編み（平編み）：表側では表目、裏側では裏目で編む
メリヤス編み（輪編み）：全て表目で編む
ガーター編み（平編み）：表側でも裏側でも表目で編む
ガーター編み（輪編み）：奇数段は表目で編み、偶数段は裏目で編む

親切なパターンでは、メリヤス編み（st st）やガーター編み（garter st）の編み方のような、基本的なテクニックについて書いてくれています。Paulie の場合は、メリヤス編み・ガーター編みのそれぞれについて、往復編みと輪編みのときの編み方の違いが説明されています。

基本編　47

模様編みの解説、編み図

（サンプルパターン）
Colourchanges for stripes:10 rows mc, 2 rows cc
（日本語）
ストライプの色の変え方：地糸10段に対し、配色糸を2段

そのパターンで使用する模様編みに関しては、編み始める前に別途詳しい説明や図＝chart（日本風にいえば何目何段の模様）が入っていることが多いようです。Pattern Description / colour changes / stitches used / chart 等と表されます。

また、Paulie のボーダーのように、配色が規則的なときも、ここで指示していることがあります。複雑なパターンの場合は、編むものの全体図や展開図が入っている場合もあります。Paulie では最後のページに全体の寸法図が入っています。

略語表（Abbreviations）

（サンプルパターン）	（日本語）
abbreviations	略語表
k knit	k＝表編み
p purl	p＝裏編み
st st stockinette stitch	st st＝メリヤス編み
st(s) stitch(es)	st(s)＝編み目
……	……

パターン中で使用する略語の表です。Paulie ではパターンの最後のページに入っています。日本の編みもの本の巻末にある、編み図記号一覧のようなものでしょうか。本書の用語集でも扱っているものがほとんどですが、パターンごとに略語の使い方がまとめられているので、編みながら参考にするには便利です。

編み方
< Instructions / Directions >

（サンプルパターン）
Co 82 (82, 92, 106) sts in maincolour (fortissima alpaka)
setup row(ws): k1, pm, k2, pm…

（日本語）
地色（fortissima alpaka）で82目（82、92、106目）作り目
準備の段（裏側）：1目表編み、マーカーを入れる、2目表編み、マーカーを入れる…

いよいよ、実際の編み方が書かれている部分になります。「CO X sts」、つまり「作り目をX目する」とだけ書かれていることにさっそくとまどいを感じるかもしれません。日本の編み図だと、「指でかける作り目をする」など、作り目の方法が指定されていることがほとんどですが、英文パターンではこのように指定されていないことが多いのです。
このような時にはお好みの方法、またはご自分でいちばん合うと思う方法で作り目をしましょう。一般的に用いるのは「指でかける作り目」です。作品によってはデザイン、機能性等の理由から作り目の指定がありますので、その時にはそれに従うとよいでしょう。

いろいろな作り目　参照　p94

作り目をしたあとは、パターンにそって編み進みます。

Paulie の場合には：

set up row（ws）	準備の段（裏側）
inc row	増し目の段
next row（ws）	次の段（裏側）

など、編む段に関する情報も提供してくれています。

パターン全体を通して、サイズ別に記載されている数字のうちどの

英文パターンの基本的な構成

数字を自分が使うか（何番目の数字か）、蛍光ペンで印をつけておきましょう。こうしておくと編んでいる途中で見間違えや余計な混乱を防ぐことができます。

Tips　編むサイズの決め方

英文パターンにはたくさんのサイズが用意されていて、どれを編めばよいか悩むこともしばしば。自分にあったサイズの決め方をご紹介します。

1）自分のサイズを知る

Finished sizeと書かれている部位について、この作品だと自分ならどのくらいに仕上げたいかを考え、だいたいの寸法を決めておきましょう。ウェアを作り慣れている人だと、「冬物のセーターならバストの仕上がり寸法がどのくらい」とおおよその見当はつくと思いますが、なかなか数字で表現しづらい場合には、普段着用していて着心地のよいアイテムの寸法を測ってみて参考にするとよいでしょう。

2）自分のゲージを測る

面倒でもゲージをとるのが成功への近道。これは、英文パターンでも日本の編み図でも同じです。ゲージをとって、パターン通りの数字が出ていれば一番わかりやすいですが、どうしてもゲージが合わない場合は次に説明する「目数ゲージが異なる場合」を参考にしてみてください。針の号数（太さ）は目安として考え、号数が前後しても目数のゲージを出すことを優先させましょう！

目数ゲージが異なる場合

例えばゲージが10cm 26目で指定されているのに23目になってしまったとします。この場合、まずパターン中のバストの目数となる数字を見つけ出します。

サンプルの場合は、3ページ目の「204（224、250、278）」ですね。

この数字がバスト仕上がり寸法であることを確認するには、この中の数字、例えば204を本来の目数ゲージの数字26目で割ります。26目は10cm相当ですので、10を掛けます。

204cm ÷ 26目 = 7.8　7.8 × 10 = 78cm
→ XSサイズのバストの仕上がり寸法として記載されている数字と一致します。

この数字がバスト寸法であることが確認できましたので、先ほどの要領で、パターン中のバストの目数をご自分のゲージ（今回の場合23目）で計算します。

XSの場合　204 ÷ 23 = 8.8　　8.8 × 10cm = 88cm　　サイズA
Sの場合　 224 ÷ 23 = 9.7　　9.7 × 10cm = 97cm　　サイズB
Mの場合　 250 ÷ 23 = 10.8　 10.8 × 10cm = 108cm　サイズC
Lの場合　 278 ÷ 23 = 12　　 12 × 10cm = 120cm　　サイズD

計算して得た数字がバストの仕上がり寸法となりますので、自分に合う数字を見つけ出して使います。この時点で「サイズのXS、S、M、L」と言ったサイズ表示は意味を持たなくなるので、XS、S、M、Lではなく、**サイズA、B、C、D**程度に考えておくとよいでしょう。

英文パターンの基本的な構成

「くり返し」の表し方

同じ段の中で同じ操作をくり返すとき、いくら英文パターンでも全て書いていたら読みにくくなってしまいます。そんなときに使われるのが「くり返し」の表現方法です。
例えば、Paulie の 2 ページ目の上から 4 行目を見てみてください。

Inc row 1: kfb, sm, k2, sm, *m1l, k to next m, m1r, sm, k2, sm, rep from * twice, kfb

文中に「*」（アスタリスク）が出てきます。この「*」と「rep」で挟まれた部分が、くり返す部分です。今回のように rep (repeat) の直前までがくり返す内容となっている場合が多いです。

いろいろなくり返しの表現　参照　p106

サイズ別のくり返しの表し方

Paulie にある、Rep last 2 rows 0 (0, 2, 2) time(s) more という指示。「*」がありませんが、これはどんなくり返しを表しているのでしょうか。
last 2 rows はこの直前に書かれた 2 段分のことです。0 (0, 2, 2) は、順に XS (S, M, L) のことでしたね。これは、「前の 2 段分と同じ編み方をあと 0 回（0 回、2 回、2 回）くり返す」という指示です。つまり、以下のようになります。
・XS と S サイズは 0 回＝くり返す必要がありません。
・M と L サイズ＝あと 2 回くり返して、合計 3 回編むことになります。
このように、どのサイズ（またはサイズの数字を使って）を編んでいるかによって、使う数字が異なるだけでなく、サイズによってはくり返しを編まなくてよい場合もあります。

補足ですが、くり返す回数を表現する場合には more が付いています。これはくり返しを強調するため「あと何回」ということ、つまり既に編んだ 1 回に加えて何回ということになります。

また、このサンプルパターンでは主要な段の最後に、「You should have…」（…目あるはずです）と目数確認を入れてくれています。パターンによって書き方に違いはあるものの、所定のポイントでしっかりと確認しておくと安心です。

サイズ別の指示

サンプルパターンの「Only sizes XS and S」と書かれている部分は、XS と S サイズのみに関する指示です。
それ以外のサイズ（この場合は M と L）については、「Only sizes M and L」のように、そのあとに別で指示が書かれています。
このような時には該当する部分だけを読んで編めば大丈夫です。
サイズ別の指示の部分が終わったら、「All sizes」と書かれているところからまたすべてのサイズを対象とした指示に戻ります。

データ編

用語集（棒針編み）
(p56~p73)

用語集（かぎ針編み）
(p74~p78)

いろいろな対応表
(p79~p83)

知っておきたい表現や編み方
(p84~p102)

acr ~ blo 用語集（棒針編み）

A B

across		～を渡って、～の全体に及んで 例 knit across to end of row　＝段の終わりまで表目で編む
allover		総模様
alt	alternate, altenately	交互に、一つおきに
approx	approximately	約、おおよそ
armhole shaping		袖ぐりの減目
back stitch seam		半返し縫い　　　　　　　　参照 ▶ P101
backward loop cast on		巻き増し目
ball		毛糸玉
ball winder		玉巻器
bar		目と目の間に渡っている糸、シンカーループ
bar increase		2目の編み出し増し目。表編みをし、そのまま目を落とさず目の後ろにも針を入れて表編みをする　　同 kfb 参照 ▶ P84
beg	begin, beginning, begins	始め、編み始め、始める
bet	between	間
bl	back loop	針にかかっている目の後ろ側 例 k tbl (knit through back loop)　＝ねじり目を編む
		back loop（図）
block		ブロッキングをすること 例 block to measurement　＝ブロッキングをして寸法を出す
blocking		ブロッキング。仕上がった作品を水通しまたはスチームを当てることで編み目を整え、寸法出しをする仕上げの工程のこと　　　　　　　　　　　　　参照 ▶ P114,115

用語集（棒針編み）BO〜CO

BO	bind off	目を止める、目を伏せる 　同 cast off UK 例 bind off in pattern ＝模様に沿って、表目と裏目を使い分けて目を伏せる 参照 ▶ P97
bor	beginning of row/round	段のはじめ
bottom up		裾から上に向かって編む、下から上に編む
bound off		目を止めた〜、目を伏せた〜（bind off の過去形） 例 bound off sts　＝伏せた目
cab	cable(s)	交差模様、なわ編み　　参照 ▶ P109
cable cast on		編みながら作る作り目 ※左針の1目と2目の間から、編むように糸を引き出し、 　針先に乗せる方法　　参照 ▶ P96
chained provisional cast on		別鎖の作り目　　同 provisional crochet cast on 参照 ▶ P95
CC	contrasting color	配色
cdd	center double decrease	↑ 中上3目一度　　同 S2KP / s2kpo / S2togkpo ※編む手順ではなく、編み目の状態を表現した表記
center stitch		中心の目
chart		編み図、図表
circ(s)	circular(s)	輪針　　　　　　　　　　　　　同 circular needle(s)
circular knitting		輪に編むこと　　　　　　　　　同 knitting in the round
circumference		周囲　　　　　　　　例 bust circumference　＝胸囲
clockwise		時計回りに　　　　　　　　　　対 counter clockwise
cm	centimeter(s)	センチメートル
cn	cable needle	なわ編針
CO	cast on	作り目、編み始め　　参照 ▶ P94

CO ~ dra 用語集（棒針編み）

CO [UK]		cast off	伏せ目、編み終わり　　[同] bind off	[参照] P97
cont		continue(s), continuing	続けて〜、〜を続ける	
Continental knitting			フランス式（編み方） [同] German knitting, lefthand knitting	[参照] P116
counter clockwise			反時計回りに　　[対] clockwise	
crocheted cast on / crochet chain cast on			かぎ針で棒針に編みつける作り目	[参照] P95
darning needle			とじ針　　[同] tapestry needle	
desired length			好みの長さ	
dec(s)		decrease(s)	減目	
dec('d)		decrease, decreasing, decreased	減らす、減らした	
dbl dec		double decrease	3目一度の総称	
diameter			直径	
direction			方向	
directions			指示	
double left-slanting decrease			[図] 右上3目一度　　[同] sssk ※編む手順ではなく、編み目の状態を表現した表記	
double right-slanting decrease			[図] 左上3目一度　　[同] k3tog ※編む手順ではなく、編み目の状態を表現した表記	
double vertical decrease			[図] 中上3目一度　[同] ccd / S2KP / s2kpo / S2togkpo ※編む手順ではなく、編み目の状態を表現した表記	
double yarn over			[図] かけ目を続けて2回する [同] yarn over twice / yo2	
dpn(s)		double pointed needle(s)	両端が尖った（玉なしの）針、4本針または5本針	
drape			ドレープ	

用語集（棒針編み）dra～fac

drapey		ドレープ感のある、ゆったりとした
drop		（目を）落とす　例 drop one stitch ＝目を一目落とす
double yarn		糸を2本取りにして　同 2 strands of yarn held together
duplicate stitch		メリヤス刺繍
ease		緩み
elasticity		伸縮性
end(s)		糸端　例 weave in ends ＝糸端を始末する
English knitting		アメリカ式（の編み方）　同 righthand knitting　参照▶P116
elongated stitch		ドライブ編みや目と目の間にかけ目をして次の段でかけ目を落とすことで、1目を長く伸ばした編み目のこと
Entrelac		白樺編み、バスケット編み
eor	end of row, end of round	段の終わり
eor	every other row	1段おきに
est	established	既に出来ている～（前段まで編んだ模様などを指す） 例 work as established pattern ＝既に編んだ模様の通りに編む
evenly		均等に
every		すべての
every other ～		1つおき　例 everyother row ＝1段おきに
eyelet		かけ目と2目一度の組み合わせで出来る透かしのこと
face		向く 例 knit the knit stiches and purl the purl stiches as they face you ＝前段の目を見たままに、表目は表目を、裏目は裏目を編む

fac～han 用語集（棒針編み）

facing		～が向くように 例 with RS facing ＝表側を表に向けて
facing		見返し
Fair Isle knitting		本来はシェットランドのフェア島で編まれている1段で2色を編み込む伝統的な技法を指すが、これに限定せず、横糸渡しの編み込み全般を指す言葉として用いられることが多い ※ stranded knitting の同義語として用いられることが多い
fasten off		糸を止める
finishing		仕上げ
fl	front loop(s)	針にかかっている目の手前側　　　　　対 bl
		front loop（図）
flat		平ら　　　　　例 work flat ＝平編みをする
float(s)		渡り糸
foll	follow(s), following	～のように　　　　　例 as foll ＝次のように
foll	following ～	続けて～
gauge		ゲージ　　　　　同 tension UK
g	gram(s)	グラム
grafting		針にかかった目と目をはぎ合わせることを全般的に指す。メリヤスはぎ、ガーターはぎ等の総称　　参照 P100
g st	garter stitch	ガーター編み
gusset		まち（靴下、ミトン、バッグ等）
hank		（毛糸の）1巻き、1束　　参照 P37

F G H

データ編

用語集（棒針編み）*hea~k / K*

heathered yarn		杢糸、異色の糸を2本以上より合わせた糸
holder		ほつれ止め　　　[同] stitch holder
i-cord		丸コード。玉なしの編み針で3～5目表目を編み、編み地を返さずに針の右側にすべらせて次の段を編み、これをくり返しながら編むコードのこと　[参照] P91
in	inch	1インチ （＝ 2.54 センチ）
inc(s)	increase(s)	増し目
inc('d)	increase, increasing, increased	増やす、増やした
incl	including, inclusive	～を含む
inside out		中表
inst	instructions	指示
Intarsia		縦糸渡しの編み込み [対] stranded knitting / Fair Isle knitting / picture knitting / color blocks
interchangeables		針先が取り替え可能な輪針 [同] interchangeable circular needles
interchangeable circular needles		針先が取り替え可能な輪針
jog		段差があり、不揃いであること（輪編みで色替えをした時にできる段差のことを指すことが多い）
jogless		段差がなく、均一に揃った状態（輪編みで色替えをした時に出来る段差をなくす工夫を施すことを指す） ※色替えをした1段めはそのまま1段編み、2段めのときに1目めをすべり目にして編む方法など。
join		つなぐ、合わせる　　　[例] join yarn ＝ 糸をつける、糸を継ぐ
k / K	knit	｜ 表目 表編み、表編みをする

H I J K

データ編　61

k1〜k2t 用語集（棒針編み）

k1, p1 ribbing		1目ゴム編み　　　同 1x1 ribbing	
	knit 1, purl 1 ribbing		
k1b / k1-b / k-b		前段の目に針を入れて表編みをする	
	knit one stitch in row below		
k1 wrapping yarn twice around needle		2回巻きのドライブ編み 次の段では巻きつけた糸をほどいて編む	
	knit 1 stitch wrapping yarn twice around needle		
k1 wrapping yarn around needle three times		3回巻きのドライブ編み 次の段では巻きつけた糸をほどいて編む	
	knit 1 stitch wrapping yarn around needle three times		
k2, p2 ribbing		2目ゴム編み　　　同 2x2 ribbing	
k2tog	knit 2 stitches together	表編みの左上2目一度 表編みで2目を一度に編む	参照 ▶ P87

用語集（棒針編み）k3t〜kwi

k3tog	knit 3 stitches together	表編みの左上3目一度 表編みで3目を一度に編む　参照 P87
k2tog tbl		表編みで2目を一度にねじり目をするように編む　参照 P87
	knit two together through back loop	
kfb / k1fb / k1f&b		2目の編み出し増し目。表編みをし、そのまま目を落とさずねじり目を編む 同 bar increase　参照 P84
	knit into front and back of stitch	
kfbf	knit into the front, back and front of the same stitch	3目の編み出し増し目。表編みをし、そのまま目を落とさず目の後ろ、前の順に針を入れてそれぞれ表編みをする　参照 P85
kfpb	knit into front, then purl into back of the same st	2目の編み出し増し目。表編みをし、そのまま目を落とさず後ろにも針を入れて裏編みをする　参照 P85
kitchener stitch		メリヤスはぎ　同 grafting stockinette stitch　参照 P100
knitted cast on		編みながら作る作り目　参照 P96 ※左針の1目めに編むように糸を引き出し、針先に乗せる方法
k tbl / k1 tbl		ねじり目 ループの後ろ側に針を入れて表目を編む
	knit through back of loop	back loop
kwise	knit wise	表編みを編むように（針を入れる）　同 as if to knit

データ編 63

LH～m1 用語集（棒針編み）

LH	left-hand	左側
lifeline		ライフライン。透かし模様などの複雑な模様のように、一度編み地をほどくとなかなか元通りには戻しにくい場合に糸を通しておくことで、それ以上目が落ちないようにする。模様の区切りなどに入れておくとよい ※通常ならとじ針で糸を通すが、取り外し可能な針先の商品の中には、コードに穴があり、糸を通しておくと編みながらライフラインを通してくれるものもある。
lifted increase		右増し目や左増し目のように1段下の目を引っ張り上げて増し目をする方法
live stitch(es)		目で残った状態の編み目、止めていない状態の編み目
LLI	left lifted increase	左増し目
LLPI	left lifted purl increase	裏目の左増し目
LN	left needle	左の針
long tail cast on		指でかける作り目
loose(ly)		ゆるい、ゆるめ、ゆったりとした　　　　　対 tight(ly) 例 loose fit ＝（ウェアが）ゆったりしていること cast on loosely ＝ 緩めに作り目をする
lp(s)	loop(s)	棒針にかかっている編み目
lys	local yarn store	最寄りの毛糸店
m	meter(s)	メートル
m	marker	目数リング、段数マーカー　　同 stitch marker
MB	make bobble	ボブル（玉編み）を作る ※ボブルの作り方には色々あるため、各パターンでそれぞれ詳細な手順が説明されている
MC	main color	地色
m1	make 1 stitch	増し目をする（ねじり増し目等）　　同 increase

用語集（棒針編み）m1〜oz

m1 k-st	make 1 knit stitch	表目のねじり増し目をする
m1 p-st	make 1 purl stitch	裏目のねじり増し目をする
M1R	make 1 right leaning stitch	ねじり増し目（右にねじる）　参照 P85 ※次の目との間に渡っている糸（シンカーループ）に左針先を後ろ側から入れて、表目を編む
M1L	make 1 left leaning stitch	ねじり増し目（左にねじる）　参照 P85 ※次の目との間に渡っている糸（シンカーループ）に左針先を前から入れて、ねじり目を編む
mattress stitch		すくいとじ　参照 P102
mitered square knitting		四角形の2辺を1段としてその中心で3目一度の減目をして四角く編む方法。ドミノ編み
mm	millimeter(s)	ミリメートル
moss stitch		かのこ編み ※ seed stitch の同義語として使用されることが多い。何目何段のかのこ編みかその都度手順を確認するとよい
mult	multiple	倍数　例 multiple of 3 ＝ 3 の倍数
needle cap		棒針用のキャップ
negative ease		マイナスのゆるみ、寸法を減らす（編み地が伸びる場合）
notions		編むための用具
nupp		ヌープ（エストニアのショール等に用いられる玉編みの技法） ※表の段で表目とかけ目を組み合わせて5目や7目を編み出し、次の裏の段でそれらを一度に編む方法。表の段で編み出す時に極力緩く編み出すようにする
one at a time		ひとつずつ 例 slip the next 2 sts to RH needle one at a time ＝ 次の2目を1目ずつ右針に移す
opp	opposite	向かい側の、反対側の、反対の
oz	ounce(s)	オンス、重さの単位（＝ 28.34 グラム）

p～ple 用語集（棒針編み）

p	purl	裏編み	
p2tog	purl 2 stitches together	裏目の左上2目一度	参照 P87
p2tog tbl		裏編みで2目を一度にねじり目をするように編む　参照 P87	
	purl 2 stitches together through back loop	※ねじれた状態の「裏目の右上2目一度」になるが、「裏目の右上2目一度」(ssp)に代用されることがある	
p3tog	purl 3 stitches together	裏目の左上3目一度	参照 P87
patt(s)	pattern(s)	模様	
pb / p1b / p-b		前段の目に裏目を編む	
	purl into stitch in row below		
pfb / p1f&b		1目から2目の編み出し増し目。1目裏目を編み、そのまま左針に目を残した状態で裏目のねじり目を編む。 参照 P85	
	purl into front and back of stitch		
pfkb	purl into front, then knit into back of same stitch	1目から2目の編み出し増し目。1目裏目を編み、そのまま左針に目を残した状態で表目のねじり目を編む 参照 P85	
picot		ピコット	
pick up		（落とした目を）拾う	
pleat		プリーツ	

用語集（棒針編み）*ply～rai*

ply		糸の撚り（本数）
pm	place marker	マーカーを入れる、印をつける
pom pom		ポンポン
positive ease		プラスのゆるみ、ゆるみ 例 with 2 to 5 cm positive ease ＝ゆるみを2cmから5cm加えて
prev	previous	前の～
provisional cast on		別鎖の作り目のように後から解く作り目　参照 P95
provisional crochet chain cast on		別鎖の作り目　同 chained provisional cast onstitch　参照 P95
psso	pass slipped stitch(es) over	（右の針に移しておいた）目をかぶせる
p tbl	purl through back loop	裏目のねじり目 裏目をねじって編む
		back loop
pu / puk		拾い目をする ※ Pick up と pick up and knit とは同じ意味で使われていることが多いが、あえて区別していることもある。その場合、pick up は、「編むための糸を付けずに編み地の目を針に乗せるだけで、編むための準備を整えること」を表す。例えば、編み地の端をすべり目にしている場合、すべり目を針に取ること指す。靴下などに用いる
	pick up / pick up and knit	
pucker / puckering		編み地がつれること。編み込みの際に渡り糸を引き過ぎて起こるときの事象など
pwise	purlwise	裏編みを編むように　同 as if to purl
raised increase		ねじり増し目の総称。目と目の間に渡っている糸（シンカーループ）を引き上げてねじって編むことで目を増やす

rem～sch 用語集（棒針編み）

rem	remain(s), remaining	残り、残る、残りの、残った 例 remaining sts on needle ＝針に残った目 3 sts remaining ＝3目残る
rep	repeat(s), repeating	くり返す、くり返し、くり返しの
rev St st		裏メリヤス編み
	reverse stockinette stitch	
RH	right-hand	右側
rib	ribbing	リブ編み、ゴム編み ※1目ゴム編み、2目ゴム編み、表2目と裏1目などゴム編みの総称
ridge		（ガーター編み等の）畝 例 garter ridges ＝ガーター編みの畝
RLI	right lifted increase	右増し目
RLPI	right lifted purl increase	裏目の右増し目
rnd(s)	round(s)	～周め　（輪編みの場合の段数）
rm	remove marker	マーカーを外す
rm	replace marker	マーカーを付け直す （別の位置にあったマーカーや一度外したマーカーを付け直す指示）
RN	right needle	右針
row(s)	row, rows	段、段数
RS	right side	（編み地の）表側、表面
RS facing		表側が見えるようにして、外表にして　　対 WS facing
	right side facing	
ruffle		フリル
schematic		製図

用語集（棒針編み）*scr ~ sl*

scrap yarn	別糸	同 waste yarn
seaming	とじはぎ全般のこと	同 join together
seamless	とじはぎが無い、継ぎ目がない	
seed stitch	かのこ編み ※ moss stitch の同義語として使用されることが多い。何目何段のかのこ編みか、その都度手順を確認するとよい	
selvage US	編み地の端	同 selvedge UK
selvedge UK	編み地の端	同 selvage US
short rows	引き返し編み	
shoulder shaping	肩下がり	
sideways	横方向の、横向き	
skein	カセ、糸玉など毛糸の単位の総称	
SKP / skpo / sl k1 psso 　slip 1, knit 1, pass slipped stitch over the knit stitch	右上2目一度 最初の目に左から針を入れ右針に移し、2目めを編み、右針に移した目を編んだ目の上にかぶせる　参照 P87 ※結果は ssk と同じ「右上2目一度」だが手順が異なる	
SK2P / sk2po / sk2togpo 　slip 1 stitch, knit 2 stitches together, pass slipped stitch over the 2 knit stitches	右上3目一度 最初の目に左から針を入れ右針に移し、次の2目を一緒に編み、右針に移した目を2目一度の上にかぶせる　参照 P88	
S2KP / s2kpo / s2togkpo 　slip 2 stitches together, knit 1 stitch, pass 2 slipped stitches over the knit stitch	中上3目一度 最初の2目を一緒に左から針を入れて右針に移し、3目めを編み、右針に移した2目をそのままの状態で編んだ目の上にかぶせる　同 center double decrease　参照 P88	
slip	目を編まずに右の針に移す ※ slip knitwise、slip purlwise と針の入れ方を示す場合もある	
sl st　slip stitch	すべり目　※ slip knitwise、slip purlwise と針の入れ方を示す場合もある	

データ編　69

sl~ssp 用語集（棒針編み）

sl 1k / sl1k / sl 1 knitwise		右針を表目を編むように目の左側から入れて右針に移す 同 slip one stitch as if to knit
	slip 1 stitch knitwise	
sl 1p / sl1p / sl 1 purlwise		右針を裏編みを編むように目の右側から入れて右針に移す 同 slip one stitch as if to purl
	slip 1 stitch purlwise	
sleeve cap		袖山
sl wyif	slip 1 stitch with yarn in front	糸を手前にして目を右針に移す
sl wyib	slip 1 stitch with yarn in back	糸を編み地の後ろ側にして目を右針に移す
sm / slm		マーカーを（左針から右針へ）移す
	slip marker	
spn	single pointed needle	玉付きの棒針
ssk	slip, slip, knit (slip 2 stitches knitwise one at a time, then knit 2 stitches together through back loop)	右上2目一度 2目を1目ずつ表目を編むように左から針を入れて右針に移し、この2目を左針に戻し、2目を一度にねじり目を編むように編む　参照 ▶ P87 ※結果は skp と同じ「右上2目一度」だが手順が異なる
ssp	slip, slip, purl (slip 2 stitches knitwise one at a time, then purl those 2 stitches together through the back loop)	裏目の右上2目一度 2目を1目ずつ表目を編むように左から針を入れて右針に移し、この2目を左針に戻して裏目のねじり目を編むように2目を一度に編む　参照 ▶ P87 ※結果は「裏目の右上2目一度」だが日本の教本などとは手順が異なる

用語集（棒針編み）sss 〜 thr

sssk	slip, slip, slip, knit these 3 stitches together (slip 3 stitches knitwise one at a time, then knit those 3 stitches together)	右上3目一度 3目を1目ずつ表目を編むように左から針を入れて右針に移し、この3目を左針に戻し、3目を一度にねじり目を編むように編む　参照 ▶ P87 ※ ssk と同じ要領で「右上3目一度」を編むため、日本の教本などとは手順が異なる
sssp	slip, slip, slip, purl (slip 3 sts knitwise one at a time, from left to right needle, slip these back to left needle and purl these sts together through their back loops)	裏目の右上3目一度 3目を1目ずつ表目を編むように左から針を入れて右針に移し、この3目を左針に戻し、3目を一緒にねじり目を3目を一緒にねじり目を編むように裏目を編む ※ ssp と同じ要領で「裏目の右上3目一度」を編むため、日本の教本などとは手順が異なる　参照 ▶ P87
st(s)	stitch(es)	編み目
stash		隠し場所（毛糸などの）　例 stash yarn＝（個人の）在庫糸
stitch holder		ほつれ止め
St st	stockinette stitch, stocking stitch	メリヤス編み
stitch pattern		模様編み
strand(s)		（糸の）本数 例 two strands of yarn held together＝糸を2本取りにして
stranded knitting		横糸渡しの編み込み
stretchy		伸縮性のある、伸びやすい
swatch		ゲージを取るための、また模様の試し編みの編み地
swift		カセくり器
tapestry needle		とじ針　　同 darning needle
tbl	through the back of loop	ループ（針にかかっている目）の後ろ側から 例 k tbl (knit through back loop) ＝表目をねじって編む
tension		ゲージ UK 、引っ張り具合
three-needle bind off		引き抜きはぎ　参照 ▶ P100

tig～wor 用語集（棒針編み）

tight		ぴったりとした　　　　　対 loose 例 tight fit　＝体にぴったりとした
tight(ly)		きつい、きつめ、きつめに　対 loose(ly) 例 cast on tightly　＝きつめに作り目をする
toe-up		編み方向。靴下のつま先からはき口に向かって編む
tog	together	一緒に、一度に
top down		編み方向。ネックから編む、上から下に向かって編む
trn	turn	ひっくり返す、方向を変える
twist(ed)		ねじる、ねじれる、ねじれた 例 Be sure the stitches are not twisted when working in the round　＝輪編みをするときには編み目がねじれていないことを確認しましょう
unravel		（糸を）ほどく
variegated yarn		段染め糸
vertical seaming		（段と段の）とじ全般
waist shaping		ウェストをシェイプするための増減目
waste yarn		別糸　　　　　同 scrap yarn
work even		増減なしで真っ直ぐに編み進む　　　　　同 work straight
work flat		平編み（＝往復編み）　同 work back and forth 対 work in the round
work in the round		輪に編む　　　　　同 circular knitting 対 work back and forth, work flat
working needle		編むのに使用している針 ※別の針で目を休ませている場合など、他の針と対比させた表現
work straight		増減なしで真っ直ぐに編み進む　　　　　同 work even

用語集（棒針編み） *wor ~ yrn*

working yarn		編むのに使用している糸 ※上記の "working needle" と同様に、他の休ませている糸などと対比させた表現
WPI	wraps per inch	「1インチの巻き数」で測る、糸の太さのひとつの目安　参照▶P40
WS	wrong side	（編地の）裏側、裏面
WS facing		裏側が見えるようにして、中表にして　対 RS facing
	wrong side facing	
W&T / w&t / wt		ラップ＆ターン、引き返し編みの手法　参照▶P89
	wrap and turn	
wyb / wyib		糸を後ろ側に置いて ※すべり目の場合などに行う動作
	with yarn in back	
wyf / wyif		糸を手前に置いて ※浮き目の場合などに行う動作
	with yarn in front	
yardage		糸長
yd(s)	yard(s)	ヤード、長さの単位（＝0.9144メートル）
yf	yarn forward	○ かけ目　参照▶P108 ※表目と表目の間でのかけ目の場合の糸の動き
yfrn	yarn forward round needle	○ かけ目　参照▶P108 ※表目と裏目の間でのかけ目の場合の糸の動き
yo	yarn over	○ かけ目　参照▶P108
yo2	yarn over twice	かけ目を2回する　同 double yo
yon	yarn over needle	○ かけ目　参照▶P108 ※裏目と表目の間でのかけ目の場合の糸の動き
yrn	yarn around needle	○ かけ目　参照▶P108 ※裏目と裏目の間でのかけ目の場合の糸の動き

blo ~ dc 用語集（かぎ針編み）

blo	back loop only	前段の目の向こう側半目に針を入れて編む
bpdc [US]	back post double crochet	長編みの裏引き上げ編み目　　同 bptr [UK]
bphdc [US]	back post half double crochet	中長編みの裏引き上げ編み目　　同 bphtr [UK]
bphtr [UK]	back post half treble crochet	中長編みの裏引き上げ編み目　　同 bphdc [US]
bptr [UK]	back post treble crochet	長編みの裏引き上げ編み目　　同 bpdc [US]
ch	chain, chain stitch	鎖目、鎖編み目
ch st	chain stitch	
cluster		長編み等の編み目を2目以上一度に編むこと。長編みの3目一度、4目一度などの玉編みも cluster と表現される　　例 4-dc cluster ＝ 長編み4目一度
cs	cluster stitch	
crochet hook		かぎ針　　同 hook
dc [US]	double crochet	長編み　　同 tr [UK]
dc [UK]	double crochet	細編み　　同 sc [US]

用語集（かぎ針編み） *dc2～fpd*

dc2tog [US]	double crochet 2 stitches together	長編みの2目一度　同 tr2tog [UK]
dc2tog [UK]	double crochet 2 stitches together	細編みの2目一度　同 sc2tog [US]
dc3tog [US]	double crochet 3 stitches together	長編みの3目一度　同 tr3tog [UK] , 3-dc cluster
dc3tog [UK]	double crochet 3 stitches	細編みの3目一度　同 sc2tog [US]
draw through		～を引き出す 例 draw through loop ＝ループから引き出す
dtc / dtr [US]	double triple crochet, double treble crochet	三つ巻き長編み目　同 tr tr [UK]
dtc / dtr [UK]	double triple crochet, double treble crochet	長々編み　同 tr [US]
fc	foundation chain	鎖の作り目
fdc	foundation double crochet	かぎ針編みの作り目の鎖目と長編みを同時に編み進める方法　参照 ▶ P92
flo	front loop only	前段の目の手前半目に針を入れて編む 例 through flo (front loop only) ＝手前側半目だけ
fpdc [US]	front post double crochet	長編みの表引き上げ編み目　同 fptr [UK]
	1　2　3　4　5	

D

F

データ編　75

fpd〜htr 用語集(かぎ針編み)

略語	英語	意味
fpdc2tog [US]		長編みの表引き上げ2目一度　[同] fptr2tog [UK]
	front post double crochet 2 together	
fptr [US]	front post treble crochet	長々編みの表引き上げ編み目　[同] fpdtr [UK]
fptc2tog [US]		長々編みの表引き上げ2目一度　[同] fpdtr2tog [UK]
	front post treble crochet 2 together	
fptr [UK]	front post treble crochet	長編みの表引き上げ編み目　[同] fpdc [US]
fptr2tog [UK]		長編みの表引き上げ2目一度　[同] fpdc2tog [US]
	front post treble crochet 2 together	
fsc	foundation single crochet	かぎ針編みの作り目の鎖目と細編みを同時に編み進める方法　[参照] P92
hdc [US]	half double crochet	中長編み　[同] htr [UK]
hdc2tog [US]		中長編みの2目一度　[同] htr2tog [UK]
	half double crochet 2 together	
hdc3tog [US]		中長編みの3目一度　[同] htr3tog [UK]
	half double crochet 3 together	
hook		かぎ針　[同] crochet hook
htr [UK]	half treble crochet	中長編み　[同] hdc [US]
htr2tog [UK]	half treble crochet 2 together	中長編みの2目一度　[同] hdc2tog [US]
htr3tog [UK]	half treble crochet 3 together	中長編みの3目一度　[同] hdc3tog [US]

用語集（かぎ編針み）*joi～sli*

join		つなぎ合わせる 例 join into a ring ＝輪につなげる
join as you go		（モチーフ等を）編みつなぎながら編み進むこと
lp(s)	loop(s)	1）かぎ針にかかっている編み目 2）鎖編みで作った輪
miss		前段の目を編まずに飛ばす　　　同 skip 例 miss next 2 sts　＝次の2目を飛ばす
pc / pop	popcorn	パプコーン編みのこと 長編みなどの目を同じ目に複数目編み入れて、最後の目を編み終えると一度針を外し、複数目編んだ中の最初の目の頭に針先を入れて、針を外した目を引き出す ※その都度パプコーンを作るときの目数などの確認が必要
picot		ピコット
post		（長編みなど編み目の）足
rev sc	reverse single crochet	╳ バック細編み
rnd(s)	round(s)	～周め　（輪編みの場合の段数）
row(s)	row, rows	段、段数
sc US	single crochet	╳ 細編み　　　　　　　　同 dc UK
sc2tog US	single crochet 2 stitches together	⋀ 細編みの2目一度　同 dc2tog UK
sc3tog US	single crochet 3 stitches together	⋀ 細編みの3目一度　同 dc3tog UK
sk	skip	目を編まずに飛ばす　　　同 miss 例 sk next 2 sts　＝次の2目を飛ばす
slipknot		編み始めの目
sl st / ss	slip stitch	● 引き抜き、引き抜き目
slip stitch seam		かぎ針を使った引き抜きはぎ、引き抜きとじ　参照 P101

データ編　77

sp(s)～yo 用語集（かぎ針編み）

sp(s)	space, spaces	スペース、すき間	例 ch-2 sp ＝鎖2目のスペース
st(s)	stitch(es)	編み目	
tch	turning chain	立ち上りの鎖目	
tr [UK]	treble crochet	長編み	同 dc [US]
tr2tog [UK]	treble crochet 2 stitches together	長編みの2目一度	同 dc2tog [US]
tr3tog [UK]	treble crochet 3 stitches together	長編みの3目一度	同 dc3tog [US]
tr [US]	triple crochet, treble crochet	長々編み	同 dtc, dtr [UK]
tr tr [UK]	triple treble crochet	三つ巻き長編み	同 dtc, dtr [US]
yo/yoh	yarn over, yarn over hook	糸を針にかける	

糸の太さの対照表

糸の太さを地域別に区分、規格、タイプ別にまとめてみました。迷った時の参考にしてください。

CYCA	WPI (Wraps per inch)	参考目数 ゲージ メリヤス編み10cm	アメリカ	イギリス	オーストラリア	日本	針サイズ (mm) (目安)	日本の棒針の号数 (目安)
0 Lace	35以上	33〜40目	Lace, Cobweb, Crochet thread, Lace weight, Fingering	1 ply 2 ply	1 ply 2 ply	極細	1.5〜2.25mm	0〜1
1 Super fine	19〜22	27〜32目	Fingering, Sock	3 ply 4 ply	3 ply 4 ply	合細 中細	2.25〜3.25mm	1〜4
2 Fine	15〜18	23〜26目	Sport, Baby	5 ply	5 ply	合太	3.25〜3.75mm	4〜6
3 Light	12〜14	21〜24目	DK, Light worsted	DK	8 ply	合太 並太	3.75〜4.5mm	5〜8
4 Medium	9〜11	16〜20目	Worsted, Afgan, Aran	Aran	10 ply	並太	4.5〜5.5mm	8〜12
5 Bulky	7〜8	12〜15目	Bulky, Chunky, Craft, Rug	Chunky	12 ply	極太 超極太	5.5〜8mm	10〜8mm
6 Super bulky	6以下	6〜11目	Super Bulky, Roving	Super Chunky	14 ply	超極太	8mm〜	8mm〜

参考： CYCA (Craft Yarn Council of America) http://www.craftyarncouncil.com/weight.html
　　　Craftsy: http://www.craftsy.com/
　　　Ravelry: http://www.ravelry.com/help/yarn/weights

棒針の太さの対照表

日本（JP）、アメリカ（US）、イギリス（UK）、それぞれの地域で棒針の太さの規格が違います。まずは指定の針が何mmかを確かめ、自分の手加減とも相談して針を選びましょう。

	JP	US	UK
2.00mm	-	0	14
2.10mm	0	-	-
2.25mm	-	1	13
2.40mm	1	-	-
2.50mm	-	-	-
2.70mm	2	-	-
2.75mm	-	2	12
3.00mm	3	-	11
3.25mm	-	3	10
3.30mm	4	-	-
3.50mm	-	4	-
3.60mm	5	-	-
3.75mm	-	5	9
3.90mm	6	-	-
4.00mm	-	6	8
4.20mm	7	-	-
4.25mm	-	-	-
4.50mm	8	7	7
4.80mm	9	-	-
5.00mm	-	8	6
5.10mm	10	-	-
5.40mm	11	-	-
5.50mm	-	9	5
5.70mm	12	-	-
6.00mm	13	10	4
6.30mm	14	-	-
6.50mm	-	10.5	3
6.60mm	15	-	-
7.00mm	7mm	-	2
7.50mm	-	-	1
8.00mm	8mm	11	0
9.00mm	-	13	00
10.00mm	10mm	15	000
12.00mm	12mm	-	-
12.75mm	-	17	-
15.00mm	-	19	-
19.00mm	-	35	-
25.00mm	-	50	-

かぎ針の太さの対照表

かぎ針の太さも、日本（JP）、アメリカ（US）、イギリス（UK）で規格が違います。表記もさまざまなので、気をつけて選びましょう。

	JP	US	UK
2.00mm	2/0	-	14
2.25mm	-	B/1	13
2.30mm	3/0	-	-
2.50mm	4/0	-	12
2.75mm	-	C/2	-
3.00mm	5/0	-	11
3.25mm	-	D/3	10
3.50mm	6/0	E/4	9
3.75mm	-	F/5	-
4.00mm	7/0	G/6	8
4.25mm	-	-	-
4.50mm	7.5/0	7	7
5.00mm	8/0	H/8	6
5.50mm	9/0	I/9	5
6.00mm	10/0	J/10	4
6.50mm	-	K/10.5	3
7.00mm	7mm	-	2
8.00mm	8mm	L/11	0
9.00mm	-	M/13	00
10.00mm	10mm	N/15	000
12.00mm	12mm	O/16	-
15.00mm	-	P/19	-
16.00mm	-	Q	-
17.50mm	-	R	-
19.00mm	-	S/35	-

インチ／センチ早見表

英文パターンで寸法を表すときよく使われる単位、インチ。慣れないと感じがつかみづらいので、センチとの対照表を作りました。糸の長さを表すときにつかうヤードとメートルの対応関係も知っておくと便利です。

inch	mm
1/8"	3 mm
1/4"	6 mm
1/3"	8 mm
3/8"	10 mm
1/2"	12 mm
5/8"	16 mm
2/3"	17 mm
3/4"	19 mm

inch	cm	inch	cm
1"	2.5 cm	26"	66.0 cm
2"	5.1 cm	27"	68.6 cm
3"	7.6 cm	28"	71.1 cm
4"	10.2 cm	29"	73.7 cm
5"	12.7 cm	30"	76.2 cm
6"	15.2 cm	31"	78.7 cm
7"	17.8 cm	32"	81.3 cm
8"	20.3 cm	33"	83.8 cm
9"	22.9 cm	34"	86.4 cm
10"	25.4 cm	35"	88.9 cm
11"	27.9 cm	36"	91.4 cm
12"	30.5 cm	37"	94.0 cm
13"	33.0 cm	38"	96.5 cm
14"	35.6 cm	39"	99.1 cm
15"	38.1 cm	40"	101.6 cm
16"	40.6 cm	41"	104.1 cm
17"	43.2 cm	42"	106.7 cm
18"	45.7 cm	43"	109.2 cm
19"	48.3 cm	44"	111.8 cm
20"	50.8 cm	45"	114.3 cm
21"	53.3 cm	46"	116.8 cm
22"	55.9 cm	47"	119.4 cm
23"	58.4 cm	48"	121.9 cm
24"	61.0 cm	49"	124.5 cm
25"	63.5 cm	50"	127.0 cm

yrd	m
1 yrd	0.91 m
2 yrds	1.82 m
3 yrds	2.74 m
4 yrds	3.65 m
5 yrds	4.57 m
6 yrds	5.48 m
7 yrds	6.39 m
8 yrds	7.31 m
9 yrds	8.22 m
10 yrds	9.14 m
15 yrds	13.71 m
20 yrds	18.28 m
25 yrds	22.85 m
30 yrds	27.42 m
35 yrds	31.99 m
40 yrds	36.56 m
45 yrds	41.13 m
50 yrds	45.7 m
100 yrds	91.4 m
500 yrds	457 m
1,000 yrds	914 m

採寸箇所の名称　Taking measurements

	英語	日本語	備考
1	Chest/Bust	胸囲	
2	Center back neck to wrist	裄丈	
3	Center back neck to waist	背丈	
4	Cross Back	背肩幅	
5	Sleeve Length	袖丈	注意）Sleeve Length は「脇下から袖口」まで、日本語の「袖丈」は「肩先から袖口（手首くるぶし）」まで
6	Upper Arm	腕回り	
7	Armhole Depth	腕付け回り	
8	Waist	胴囲	
9	Hip	腰囲	
10	Head	頭回り	

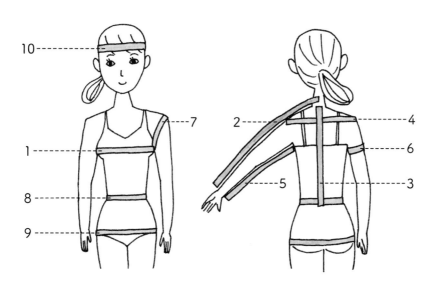

知っておきたい表現や編み方

(1) 英文パターン特有の表現や編み方

Increases and Decreases （いろいろな減目や増し目）

kfb（編み出し増し目）

英文パターンでよく登場する増し目がkfb（別名 bar increase）です。kfb は knit into front and back of stitch を短縮したもので、「1目（針にかかっているループ）の前と後に表編みを編む」、つまり1目から2目編みだす方法です。

ループの後側から2目めを編み出すと、その目が裏編みをした時に似た表情になることから bar（この場合「横棒」）increase と呼ばれるようです。

色々なパターンで kfb を編んでみると、kfb は単純に目を増やす機能的な使い方以外に、簡単に編み地にギャザーを寄せたり、質感を与えたりすることができることも分かります。たとえば、本書 p136 のパターン「ギャザー入りスヌード」の特徴的な編み地は、kfb を使ってつくられています。

一味違った増し目の kfb に、皆さんも一度挑戦してみませんか。

・**kfb / k1fb / k1f&b** （knit into front and back of stitch）
表目2目の編み出し増し目。表編みをし、そのまま目を落とさず目の後ろにも針を入れて表編みをする。

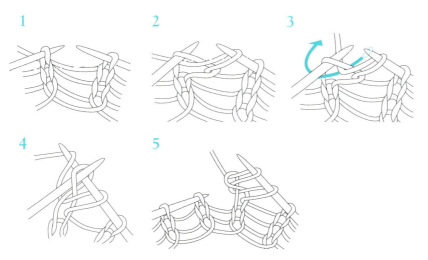

- pfb / p1fb / p1f&b　(purl into front and back of stitch)

裏目2目の編み出し増し目。裏編みをし、そのまま目を落とさず目の後ろにも針を入れてねじり目にして裏編みをする。

- kfpb　(knit into the front and purl into back of stitch)

表目と裏目の2目の編み出し増し目。表編みをし、そのまま目を落とさず目の後ろにも針を入れねじり目にして裏編みをする。

- kfbf　(knit into the [front, back, front] of the same stitch)

表目のみの3目の編み出し増し目。表編みをし、そのまま目を落とさず目の後ろ、前の順に針を入れてそれぞれ表編みをする。

M1L, M1R（ねじり増し目）

増し目については、単にincreaseやM1（make 1）のように漠然と「1目増し目をする」としか書かれていないこともあり、そういう場合には「ねじり増し目」を用いる場合が多いです。
ただ、この「ねじり増し目」のねじる方向まで具体的に示すものもあります。ねじり増し目は英語では、

M1L が make 1 left-leaning increase（左に傾くねじり増し目）
M1R が make 1 right-leaning increase（右に傾くねじり増し目）
といったように、それぞれ目が傾く方向を表しています。
日本では、編み地の端でねじり増し目をすることが多いので、「ねじり増し目（右側）」、「ねじり増し目（左側）」という表現が主流です。編み地の右側で増やすか、左側で増やすかで区別しているのですね。
つまり、M1L が「ねじり増し目（右側）」で、M1R が「ねじり増し目（左側）」。左右の表現が逆になっています。
混乱しやすいですが、単純に M1L が「左ねじり（ねじったループの左側が上）」、M1R が「右ねじり（ねじったループの右側が上）」という覚え方が楽なので、おすすめです。

・**M1L** （make 1 left leaning stitch）　左にねじる増し目

 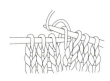

次の目との間に渡っている糸（シンカーループ）に左針先を前から入れて、ねじり目を編む

・**M1R** （make 1 right leaning stitch）　右にねじる増し目

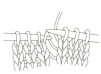 

次の目との間に渡っている糸（シンカーループ）に左針先を後ろから入れて、表目を編む

k2tog, p2tog, k3tog, p3tog（一度に編む減目）

操作が一番シンプルな2目一度や3目一度です。
k2tog は knit 2 stitches together を略したもので、文字通り「2目を一緒に表編みをする」ということ、つまり「表目の左上2目一度」という、日本でもよく使われる減目です。
同じ要領で p2tog は purl 2 stitches together は「2目を一緒に裏編みをする」で「裏目の左上2目一度」です。
k3tog、p3tog、さらには k4tog や k5tog も考え方は同じです。

ssk, skpo（目の方向を変えながらの2目一度）

k2tog とは異なり、「右上の2目一度」の場合には skpo（または skp）と ssk という、2つの編み方があります。
通常、日本で教わる右上2目一度の編み方は、「左針にかかっている1目めを右針に移し、2目めを編んでから右針に移した目をその上にかぶせる」という方法です。これに相当するのが skpo（または skp）で、slip, knit, pass slipped stich over（1目めを右針に移して、次の目を表編みするとその目に移した目をかぶせる）の略です。
もう一方の ssk は、slip, slip, knit (2 stitches together through back loop)。つまり、左針の最初の2目に左側から針を入れて目を1目ずつ右針に移して方向を変えてから、その2目をねじり目を編むように2目一度に表目を編みます。

知っておきたい表現や編み方　（1）英文パターン特有の表現や編み方

k2togとペアで用いる場合、skpoだとかぶせる目が伸びやすく、右と左で減目の表情が多少違ってしまうことがありますが、sskだと同じような表情にすることができます。日本ではあまり教えられていない編み方ですが、我流でこの編み方をされている方もよくいらっしゃいます。
英文パターンの略語ではこの2通りの「右上2目一度」を区別して表現できるわけです。

sk2po, s2kpo（目の順番を変えながらの3目一度）

一見同じに見えるこの2つの略語。でもよく見ると数字の「2」の位置が違います。ここを見落とすと表情の違う3目一度になってしまいますので注意しましょう。

sk2p / sk2po / sk2togpo（右上3目一度）
(slip 1 stitch, knit 2 stitches together, pass slipped stitch over the 2 knit stitches)
最初の目に左から針を入れ右針に移し、2目めと3目めを一緒に編み、右針に移した目を2目一度の上にかぶせる。

s2kp / s2kpo / s2togkpo （中上3目一度）
(slip 2 stitches together, knit 1 stitch, pass 2 slipped stitches over the knit stitch)
最初の2目を一緒に左から針を入れて右針に移し、3目めを編み、右針に移した2目をそのままの状態で編んだ目の上にかぶせる。

いろいろ使えるテクニック

wrap & turn の引き返し編み

日本の編みものでの引き返し編みには「かけ目とすべり目」がつきものですが、英語の編みものでは何の特別な処理もせずにそのまま引き返す場合があります。例えばガーター編みがベースとなっている作品ではこれでも問題ないかもしれません。

しかし、何らかの処理をしないと引き返した部分に穴が空くような場合には、wrap and turn（ラップ・アンド・ターン、略して w&t、W&T と大文字で表記されている場合もあります）という手法がよく用いられます。

wrap and turn とは指定の編み目に糸を wrap して（巻き付けて）、turn する（編み地をひっくり返す）こと。

w&t はパターン中で手順として書かれているので、w&t が出てきたら、次の目に糸を巻きつけて、その目は編まずにそのまま引き返します。続けてパターンを編み進み、次に wrap の付いた目を編む時には wrap のついた目と wrap した目をすくい上げて一緒に編みます。

この手順を picking up the wrap（ラップの目を拾う）と言います。日本で言う「段消し」に当たる操作です。

・**表面の wrap & turn** （メリヤス編みの場合）

1

2

1) 表編みを編んできたので糸は編み地の後ろ側にあります。そのままの状態で、次の目をいったん右針に移して糸を「後ろ側から手前」に移動させます。

2) 右針に移した目を左針に戻します。
そのままの状態で編み地を返して、次の裏の段を編む準備をします。先ほど

データ編 89

の目には糸が完全に巻きつけられた状態になります。

・裏面の wrap & turn （メリヤス編みの場合）

1　　　　　　2

1）裏編みを編んできたので糸は編み地の手前側にあります。そのままの状態で、次の目をいったん右針に移して糸を「手前から後ろ側」に移動させます。
2）右針に移した目を左針に戻します。
　そのままの状態で編み地を返して、次の表の段を編む準備をします。
　先ほどの目には糸が完全に巻きつけられた状態になります。

・Picking up the wrap（wrap を拾う方法）

表面の場合

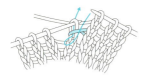

Wrap の下から針を入れて、本来編むはずの目と一緒にして表編みします。

裏面の場合

裏側からは wrap が特定しにくいため、まず wrap であることを編み地の表側を見て確認します。確認できたらその目を編み地の表側から手前に持ち上げてそのまま左針に乗せて本来の目と一緒に裏編みします。

※ wrap & turn で糸を巻き付ける方法としては、上記の方法と、目を右針に移す前に、表面の場合には糸を向こう側から手前、裏面の場合には糸を手前から向こう側に移動させておいて、その後目を右針に移して糸を巻き付ける方法があります。
どちらも wrap & turn として紹介されている方法です。ここでは私が普段使用している方を紹介しています。

いろいろ使える　i-cord

日本では「丸コード」として見かけることがあります。
玉なしの短針2本で3目表目を編み、編み地を返さずに、針の左端にある目を右側にスライドさせて次の段を編みます。3〜5目で編むのが一般的です。
これをくり返しながら好きな長さまで編めるコードです。本書 P142 のパターン「i-cord を編みつけたパッチワーク風ハンガー」で使用しています。

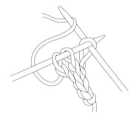

かぎ針編みの便利な作り目 —— fsc と fsd

かぎ針編みの作り目は通常は鎖編みです。
でも、鎖編みの作り目と同時に次の段の細編みまたは長編みを編み進む方法もあります。これなら鎖の作り目の数が足りなくて編み直す、なんてこともありません。逆方向に編み出すこともでき、通常の鎖の作り目よ

り伸縮性もあります。
ここでは「同時に鎖編みと細編みを編む方法」と、「同時に鎖編みと長編みを編む方法」の2つをご紹介します。

・Foundation single crochet（fsc）
鎖の作り目と細編みを同時に編む方法

1）鎖を2目編みます。
2）針先を1目めの鎖に入れ糸を引き出します。
　　もう一度糸をかけて1ループだけ引き抜きます。（図1）
3）もう一度糸をかけ両方のループを引き抜きます。（図2）
　　これで鎖1目と細編み1目ができた状態になります。
4）次の目は鎖の外側半目と裏山に当たる部分を拾うように針を入れます。
5）上記2）〜4）の手順を必要な目数分くり返します。

・Foundation double crochet（fdc）
鎖の作り目と長編みを同時に編む方法

1）鎖を3目編む。
2）編みを編むように針先に糸をかけてから、針にかかっているループから数えて3目めの鎖に入れて糸を引き出します。
3）もう一度糸をかけて1ループだけ引き抜きます。（この部分が鎖目）
4）長編み部分を編むためにもう一度糸をかけ、2ループを引き抜きます。（図1）
5）さらにもう一度糸をかけ、2ループを引き抜く。
　　これで鎖1目と長編み1目ができた状態になります。
6）次の目は鎖の外側半目と裏山に当たる部分を拾うように針を入れ、
　　上記2）〜5）の手順を必要な目数分くり返します。（図2〜5）

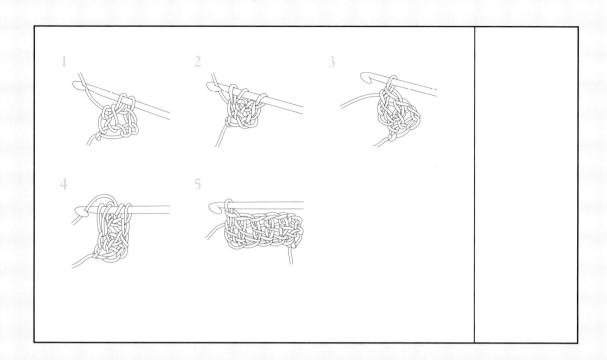

知っておきたい表現や編み方

(2) Casting on（主な棒針の作り目）

Long tail cast on（指でかける作り目）

日本でも海外でもよく使われている一般的な作り目です。

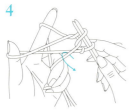

1) 糸は作る編み地の約3倍の長さのところで輪を作り（図1）、
そこから糸を引き出して slip knot（p77）を作ります。
糸を引き締める前に棒針を2本通します。（図2）
2) 糸を引き締め、糸端側を親指に、糸玉側と人さし指にかけると、
数字の順番に棒針に糸をかけます。（図3）
3) 針に糸がかかると（図4）、親指を一旦はずし、下からすくうように
親指を入れ直して目を引き締めます。
4) 2) と 3) をくり返します。

Crocheted cast on / Crochet chain cast on（かぎ針で編みつける作り目）

編み始めと編み終わりの表情を合わせたいときに便利な作り目です。かぎ針は棒針と同じくらいの号数を使用します。

1

2

Provisional crochet cast on / Chained provisional cast on（別鎖の作り目）

日本ではよく使われる方法です。あとから別鎖をほどいて目を拾って反対方向に編み出すときなどに使います。
別鎖を作って鎖の裏山（back side / bumps of the chain）を拾う方法が一般的ですが、別糸の作り目を上記のCrocheted cast onの方法で針に編みつけると拾う手間が省けます。

1
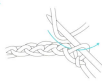

2
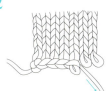

知っておきたい表現や編み方　(2) Casting on（主な棒針の作り目）

Knitted cast on（編みながら作る作り目・その1）

ゆるめに仕上がり、編みながら作れるため、編み地の途中で増し目をする場合にも便利です。

1　　　　　2

1) slip knot を作り（p94 参照）、左針に通します。
　右針を表目を編むように入れて糸を引き出してから（図1）、
　左針先に引き出してきた目をのせます。（図2）
2) 新しく作った目で1) の手順をくり返します。

Cable cast on（編みながら作る作り目・その2）

縄のような表情のしっかりとした作り目です。伸縮性も適度にあり、knitted cast on と同様に編み地の途中で使うのにも便利です。

1　　　　　2　　　　　3

1) Knitted cast on の手順で2目作ると、1目めと2目めの間に
　右針を入れ（図1）、糸を引き出します。（図2）
2) 表目を編むように糸を引き出してくると、左針先に引き出してきた
　目をのせます。（図3）
3) 新しく作った目と次の目との間に右針を入れ、同じ手順をくり返します。

知っておきたい表現や編み方

(3) Binding off（目の止め方）

Bind off（伏せ止め）

伸縮性には欠けますが、最も一般的に用いられる方法です。
表目、裏目、1目ゴム編みに合わせて技法を使い分けて止める、以下のような方法もあります。
- Bind off knitwise / Bind off as if to knit
  （表目を編んで伏せる）
- Bind off purlwise / Bind off as if to purl
  （裏目を編んで伏せる）
- Bind off in 1-1 ribbing
  （1目ゴム編みのように編みながら伏せる）

Crochet hook bind off（引き抜き止め）

かぎ針を使って目を止める方法で、止まった状態は伏せ目と同じです。

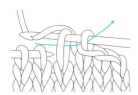
1

Sewn bind off

とじ針を用いた止め方で、日本の「巻き止め」に手順が近い止め方です。
伸縮性にすぐれ、止めた端をそのまま使うときに便利です。
止める長さの約3倍の糸端を残しておきます。

1　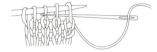　2　

1) 最初の2目に右側からとじ針を入れ、左側に引き出します。（図1）
2) 目は棒針に残したまま、とじ針を1目めの左から入れて右へ引き出し（図2）、この目を針から落とします。
3) 1) と2) の操作をくり返します。

Picot edge bind off

止めた端にピコットができる装飾性のある止め方です。

1) 2目を伏せ止めする。
2) 右針の1目を左針に戻し、Cable cast on（P96参照）の方法を用いて2目作ります。
3) 新たに作った目も含めて5目を伏せます。
4) 2) と3) の操作をくり返します。

<アレンジ>
2) での作り目数を3目に増やしてピコットを大きくしたり、3) の伏せ目の数を増やしてピコットの間隔を広く、または減らして間隔を狭くすることもできます。

i-cord bind off

編み地の端に i-cord がパイピングのように立体的にできる、装飾性のある止め方です。
サンプルパターンの Paulie でも使われています（p32）。
編みつける編み地は止めずに目で針に残しておきます。
配色糸を使ってアレンジもできます。止める幅の割には必要な糸量が多いので気を付けましょう。

1) Cable cast on（P96 参照）の方法を用いて 3 目作ります。
   これが i-cord になります。
2) 2 目表目に編み（図1）、3 目めは目で残しておいた編み地の 1 目めと一緒にねじり目にして編みます。（図2）
   （右上 2 目一度にして編む方法もあります。仕上がりはほとんど変わりません。）
   編めた右針の 3 目をそのままの状態で左針に戻します。（図3）
3) 上記の 2) をくり返します。最後は伏せ止めにします。

知っておきたい表現や編み方

(4) Seaming（とじはぎ）

Three needle bind off（棒針を使った引き抜きはぎ）

目がかかった針2本に加えて、はぎ合せるための3本目の針が必要となることからこのように呼ばれています。日本ではかぎ針を使う方法が一般的です。簡単な方法ですが、つれないよう注意が必要です。

Grafting（メリヤスはぎ、裏メリヤスはぎ、ガーターはぎ）

まだ針にかかった状態の編み目を、編み地に合わせてはぎ合せることを指すため、メリヤスはぎ、裏メリヤスはぎ、ガーターはぎの総称として用いられます。
区別して言う場合には grafting in stockinette stitch または kitchener stitch（メリヤスはぎ）、grafting reverse stockinette stitch（裏メリヤスはぎ）、grafting in garter stitch（ガーターはぎ）と言います。

Slip stitch seam（引き抜きはぎ／引き抜きとじ）

編み地を中表にしてかぎ針で目と目をはぐ、または段と段をとじ合わせます。簡単で、しっかりと仕上がりますが、厚みが出やすいです。

1 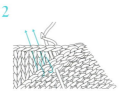 2 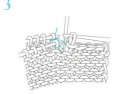 3

・段と段をとじる場合（図1）
・目と目をはぐ場合（図2）
・針にかかった状態の目をはぐ場合（図3）

Back stitch seam（半返し縫い）

先の尖った針で進んだ間隔の半分戻って縫います。引き抜きとじより厚みが出ません。

1

知っておきたい表現や編み方 （4）Seaming（とじはぎ）

Whip stitch （巻きはぎ、巻きかがり）

厚みが出にくく簡単にできます。

Mattress stitch （すくいとじ）

1段ずつ交互にすくうので仕上がりがきれいです。

1

2
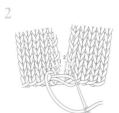

実践編

英文パターンでよくある質問
(p104~p121)

英文パターンを実際に編んでみよう
(p122~p146)

英文パターンでよくある質問

「マーカー」ってあまり使ったことがないけど、パターンに書いてある通りに使った方がいいでしょうか？

英文パターンでは**マーカー**、とりわけ**目数リング**がよく使われます。
作り目をしたあとに「×目編んでマーカーを入れる。また×目編んでマーカーを入れる」といった具合に、マーカーを所定の位置にセットするだけの段が指示されていることも珍しくありません。
面倒に思えますが、これがのちのち大変役立ちます。編み進めると、マーカーを起点として増し目や減目が展開されていくことがよくあるのです。
なにをするにもマーカーが目印になるので、「どこで減目をするんだっけ？」と、編み図で目数を数えることもなくなり、手間が省けます。書いてある通りにマーカーをセットしておくと、「ちゃんと指示通り入れておいてよかった」ときっと納得するはずです。
マーカーの存在価値は日本の「目数リング」よりかなり大きいように思います。そのためでしょうか、海外ではオシャレなマーカーが目を惹きます。本書10pの写真のように、手づくりするのも楽しいものです。マーカーにキラキラしたビーズが付いているだけで気分が高まりますね。

> 英文パターンで
> 指定されている通りの
> 糸と針で編むと、
> ゲージがゆるくなる
> 気がするのですが…？

私も英文パターンで指定される針の太さは、糸に対してやや太めに書かれているように思います。編むときの手加減がきつめの人向きということなのでしょうか。

棒針の編み方には主に「フランス式」と「アメリカ式」と呼ばれる2通りがあります。
・「フランス式」はかぎ針編みの時のように左手人差し指に糸をかけて編む方法。
・「アメリカ式」は一目一目右手で糸を針にかけながら編む方法。
それぞれの方法で編まれた編み地を比べると、一般的に「アメリカ式」の方が固いといわれ、極端な場合だとその差は棒針2号分になると聞いたこともあります。
欧米では「アメリカ式」（英語ではEnglish knitting や right-hand knitting）で編む人が多いようです。パターンはデザイナーやテストニットニッター（パターンの検証作業を兼ねて試し編みをする人）の手加減で書かれているため、編み地が全体的に固めになるのではないかと推測しています。

私は「フランス式」で編むためやや手加減が緩めなので、英文パターンを編むときは、指定針に比べて細めの針を使った方がいいだろうか、と計算しながらゲージをとっています。

このように、英文パターンをいくつかこなしていくと、自分の手加減とパターンに書かれている号数との関係性も少しずつ見えてくるかもしれません。

英文パターンでよくある質問

くり返しの表現が
いろいろあって、
混乱してしまいます…

くり返し部分はできるだけ合理的にまとめて書き記すのが英文パターンのひとつの特徴かもしれません。慣れるとその合理性に感心してしまうこともあります。くり返しの表記では、「*」（アスタリスク）でくり返し部分の始点を示します。終わりを示す記号としては、「*」のほかに「；」（セミコロン）も使われます。終点を示す記号などはなく、「rep from * ～ xx times」（*からの内容を何回くり返す）と、rep の前までがくり返し部分に当たる場合もあります。

以下に、よく見かける繰り返しの表し方をまとめました。

くり返しの範囲
＊～；　や　＊～＊
1段の中でのくり返しの操作を示します。囲まれている部分を所定の回数または所定の位置までくり返す時に用います。終点を示す記号がない場合もあります。

（　）
この括弧の中にくくられた操作を1セットとしてとらえます。

［　］
この括弧で囲まれた部分の操作をくり返し行います。また、［　］の中にさらに細かいくり返しが（　）で含まれている場合もあります。

例
k1 p2 repeat between * * twice
= *からの内容を2回くり返す

*k1 p2; repeat from * to ;
until 2 sts before end of row
= *から*までの内容を段の最後から2目手前までくり返す

*k1 p2 repeat from * to end of row
= *からの内容を段の終わりまでくり返す

k1, p1. Repeat * across row
= *からの内容をその段を通してくり返す

(k10, m1) 4 times
= (　)を4回繰り返す

また、くり返しには回数がつきものです。この回数の数え方にも戸惑いを感じることがあるのではないでしょうか。
特に、ある操作を「〇回くり返す」、「〇段おきに編む」など、回数や段数を表す言い方はわかりにくいですね。以下によく出てくる表現をまとめたので、混乱したときは参照してください。

回数
Repeat ～ times ＝ あと～回くり返す
例 Repeat this three times
= この操作を3回くり返す。
Repeat が付いていると「既に1回編ん

でいる内容を（あと）何回くり返す」ということになります。また、「Repeat this three times more/three more times」は、「この操作をあと3回くり返す。」ということで、moreがついても意味は変わりません。moreによって、くり返し編むことが強調されます。

onceが1回、twiceが2回、three timesが3回です。3回以上は回数を表す数字にtimes（回）がつきます。
※timesをxで表す場合もあります。
例 2 x ＝ 2 times

頻度
Every 〜 ＝ 毎〜
例 repeat every row ＝ 毎段くり返す
Every other row ＝ 1段おき
例 repeat every other row
＝ 1段おきにくり返す
Every XX row ＝ XX段ごとに
例 repeat every 6th row
＝ 6段毎にくり返す
※xxには序数が入る。
Every X rows ＝ X段に1回
例 repeat every 6 rows
＝ 6段に1回（6段毎に）くり返す

略語を読むコツはありますか？

略語は ,（カンマ）で区切られているので、次のカンマまでをひとまとまりとして読むようにします。たとえば、「K1, K1 tbl, p3 」。最初のK1のあとには「,」があるので、「1目表編み」です。
次の「K1」と「tbl」の間には「,」がなく、スペースで区切られていることから、「K1 と tbl」の2つで1セットだということがわかります。
「K1（knit 1 stitch） tbl（through back loop）＝ 1目をループの後ろで表編みをする」つまり、「ねじり目を編む」ということになります。
このようにカンマやピリオドの句読点を手掛かりに読み解くと分かりやすいと思います。

英文パターンでよくある質問

> yf、yrn、yo、yfrn は
> 全部「かけ目」と
> 訳されていますが、
> どう違うの？

かけ目というと yarn over、略語では yo と書かれることが多いです。
ところがイギリスの雑誌等ではこのかけ目の操作をより詳しく表すために①yf (yarn forward)、②yrn (yarn round needle)、③yo (yarn over) または yon (yarn over needle) のそれぞれを区別しています。
どれも「かけ目」には変わりありませんが、かけ目をする際の編み目の状況や次の目によって糸の動きが異なるため、説明を補うために次の通り細かく区別しているのです。特にアメリカ式で編む方には便利な情報です。

①yf または yfwd (yarn forward)
⇒ 表目と表目の間でかけ目をする場合

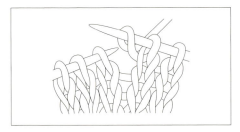

表目を編んだあとの糸は向う側にあるため、まずかけ目をするために糸を手前に移動させて目がかかるような状態にしてから、次の表編みをします。

②yrn (yarn round needle)
⇒ 裏目と裏目の間でかけ目をする場合

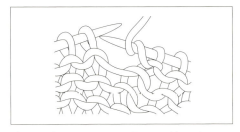

裏目を編んだあとの糸は手前にあるので、かけ目をしてから次の裏目を編むためには、針に糸を1周巻き付けるようにして再び手前に移動させる必要があります。

③yo (yarn over) または yon (yarn over needle)
⇒ 裏目と表目の間でかけ目をする場合

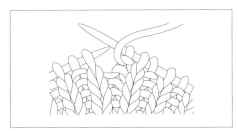

裏目を編んだあとの糸は手前にあり、そのまま針に糸をかけて糸を向う側に移動させて、そのまま次の表目を編みます。

④yfrn (yarn forward round needle)
⇒ 表目と裏目の間でかけ目をする場合

表目を編んだあとの糸は向う側にあるため、まずかけ目をするために糸を手前に移動させてからかけ目をします。次の裏

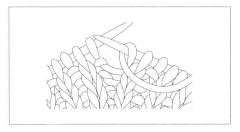

目を編むために再び糸を手前に移動させて針に糸を1周巻き付けるようにして次の裏目に備えます。

かけ目をするときには知らず知らずのうちに糸を移して編んでいると思いますが、このようにイギリスの詳しい略語の意味を知ると、かけ目について改めて考えるいい機会になると思います。

交差編みの略語って、編み図と比べて複雑そう…

確かに交差編みを表す略語は統一されておらず、複雑に見えます。
例えば、「2目の左上交差」の略語として「C4B」と「2/2RC」があります。それぞれ、Cable 4 back と 2 over 2 right cross を略したものです。これら略語を説明文で確認すると、どちらも次のように書かれています：
Sl 2 sts onto cn and hold in back, k2 and k2 from cn.
(Slip 2 stitches onto cable needle and hold in back, knit 2 stitches from left needle and then knit 2 stitches from cable needle.)

日本語にすると次の内容になります：
「2目をなわ編み針に取り、編み地の後ろ側に休めておく。(先に左針から)2目を表目で編み、そしてなわ編み針の2目を表目で編む」

交差部分のチャート（編み図）が添えられている場合もありますが、この場合も表記が統一されていないため、それぞれの説明文を読み解いて交差の手順を確認

実践編　109

英文パターンでよくある質問

します。これに比べると、日本の編みものでは編み図を見れば、「何目と何目の右上または左上の交差」なのかが一目瞭然ですね。

英文パターンで交差編みを編むときは、交差編みの略語やチャートに添えられている説明文で使われる以下の定型文を理解しておくと便利です。

Sl X st(s) onto cn and hold in front/back, k/p Y and k/p X from cn.
（XとYには目数が入ります。）

略語を使わずに書き出した場合は以下のようになります：
Slip X stitch(es) onto cable needle and hold cable needle in front/back of work, knit/purl Y stitch(es) and knit/purl X from cable needle.

日本語では次のようになります：
「X目をなわ編み針に取り、編み地の手前／後ろ側に休めておく。（先に左針から）Y目を表目／裏目で編み、そしてなわ編み針のX目を表目／裏目で編む」

この定型文のポイントとなるのは次の4つです。
① 先になわ編み針に取る目数
⇒ X st(s) （Xは数）
② 目をのせた状態のなわ編み針の位置
⇒ front / back
③ 左針から何目を表目で編むか、裏目で編むのか
⇒ k または p Y st(s) （Yは数）
④ なわ編み針に取った目を表目で編むか、裏目で編むのか
⇒ k または p

これらを押さえておけば、まずは編めるはずです。

では、交差編みの略語はなぜこんなにバラバラなのでしょうか。
冒頭の「2目の左上交差」= C4Bと2/2RCを例に見てみましょう。
まずはC4B。C4BはCable 4 backの略で、定型文の②「なわ編み針の位置（Front / Back）」を基準にした表記方法です。4目から成り立つ交差で、なわ編み針は「後ろ」にあることを意味します。日本語で言う「2目の左上交差」です。ちなみに、C4FはCable 4 front、4目の交差でなわ編み針は「手前」、つまり「2目の右上交差」です。
対する2/2RC（2 over 2 right cross）は「目数と交差方向」、つまり「何目と何目の交差で、上になった目がどちら方向に向かっているか（right または left）」というポイントを基準としています。
この場合は4目の内訳が「2目と2目」であるという点が明記されているのである意味分かりやすいのですが、問題は日本語の「左上交差」がright crossになる点です。日本語では「交差部分でどちら側の目が上になるか」を表現して「左上」となるのですが、英語では「上になった目がどちら方向に向かっているか」を表現して「right cross」となるのです。

「左が上」ということは「交差は右側に向かっている」ということで、言っていることはどちらも同じなのですが、文字だけで見ていると混乱しやすいですね。

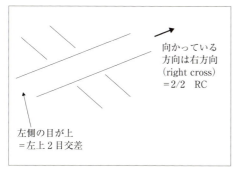

交差編みでは、下側の目が裏目の場合などもあり、色々な要素を盛り込む必要があります。書き手によってこれらの要素の書き方が違う場合もあるため、略語の表記も本当にさまざまです。

英文パターンに慣れても、交差編みについては先ほどの「定型文」で手順を確認しておくと安心です。以下に、よく使われる交差編みの略語をあげておきます。

**複数の略語で表現される
交差編みの例**

・1目の右上交差

1/1LC (1 over 1 Left Cross)
C2F (Cross 2 Front)
Sl 1 onto cn and hold in front, k1, then k1 from cn.

・1目の左上交差

1/1RC (1 over 1 Right Cross)
C2B (Cross 2 Back)
Sl 1 onto cn and hold in back, k1, then k1 from cn.

・2目の右上交差

C4F (Cable 4 Front)
2/2LC (2 over 2 Left Cross)
Sl 2 onto cn and hold in front, k2, then k2 from cn.

・2目の左上交差

C4B (Cable 4 Back)
2/2RC (2 over 2 Right Cross)
Sl 2 onto cn and hold in back, k2, then k2 from cn.

英文パターンでよくある質問

輪針の便利な使い方を、いろいろ知りたい！

輪針は、編み地の長さ（円周）に合わせて編む以外にも、便利な使い方がいろいろあります。日本でも、輪編み以外で使われることが増えてきましたね。そのうちのいくつかを簡単にご紹介します。

・Magic Loop （マジックループ）

日本でも耳にすることが増えてきたテクニックです。

袖や靴下などの目数が少ない細い輪を編むときは、一般的な40cmの輪針では全長が長すぎて対応できません。そんな細い輪は、いままで4本針や5本針を使って編むのが主流でしたが、実は80cm以上の長めの輪針を使って編むこともできます。

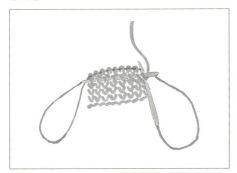

まず、輪全体の半分の目数をそれぞれコードの向こう側と手前側に分けます。そして、両サイドからコードの余り分を出して、全体の目数の半分ずつ編みます。

Two –circulars または Two-circs（輪針を2本使う方法）

細い輪編みをする場合に、同じ号数の輪針を2本使って編む方法です。マジックループと同じく、輪の全体の目数の半分ずつを片方の針で編みます。輪の長さを気にせずに編むことができます。

Traveling Loop または Single Loop（ループを移動させて使う方法）

これも長めの輪針で細い輪に対応する編み方です。輪針のコードの余った部分を手元の一カ所に引き出してループ状にしながら編むため、輪の寸法に対して針が長い場合でも編むことができるのです。

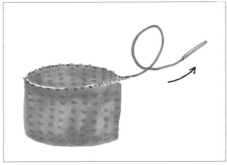

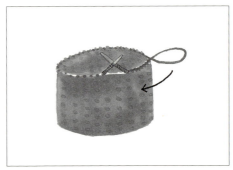

いずれも、長い輪針で靴下や袖、帽子など、針の長さより短い輪を編むための方法です。根底にあるのはまさしく、「大は小を兼ねる」という意識。輪針を有効利用しようとする工夫、欧米のお母さんたちの知恵が詰まっているように感じます。

余談になりますが、最近でこそ針先を自由に取り外して号数を変えたり、コードで長さを調整したりできる針のセットをよく見かけますが、私が輪針を使いはじめた頃はまだそのような便利な針もなく、それぞれの号数と長さの輪針を買い揃える必要がありました。アメリカの毛糸屋さんで同じ号数の長さ違いの針を購入しようとしたときに、お店の気さくなオバサンにこう言われたことがあります。
「輪針は各号数のコードが一番長いものだけ持っていればいいのよ！」
輪針を使って普通に輪に編むことしか知らなかった私は、「本当に？なぜ？」と不思議に思いましたが、これらの編み方を知ってようやく、彼女が勧めてくれたことがよく理解できるようになりました。今は、その言葉に温かささえ感じられます。

とじはぎをするべき場面で、「sew」としか書かれていません。いったいどうすればいいの？

日本語では、「とじはぎ」の「とじ」は「段と段」をつなぐこと、「はぎ」は「目と目」をつなぐこと、というように、2つが明確に分類されています。
しかし英文パターンでは、seaming や sewing（縫い合わせる）のように、一つの言葉だけで済まされている場合があります。seam も sew も、とじ針や針先の尖ったシャープポイントを使って「縫い合わせる」ことで、「とじ」もあれば「はぎ」もあり、段と目を合わせる場合もあります。
「縫うっていっても、いったいどうすればいいの？」と聞かれることがあります。日本の教本を見ると、肩はぎひとつとっても、引き抜きはぎ、かぶせはぎ、半返し縫い等と色々な技法が載っていて、編み方の説明の中で、はぎ方・とじ方が指示されていることが多いからです。

英語で編む場合はここでも柔軟に対応しましょう。使いやすい方法、状況に適している方法を自分で選びます（どうしても指定の方法がある場合には英文パターンでもそれが書かれています）。

英文パターンでよくある質問

とじ・はぎの代表的なものについては、本書のp100〜102で説明していますので、参考にしてください。

> 仕上げってそんなに大事なの？

"Finishing makes homemade handmade" という言葉を目にしたことがあります。「仕上げによって自家製がお手製に変わる」。ニュアンスとしては、「仕上げ次第で素人っぽさが抜けてより完成度の高い洗練された作品にできる」ことを意味しています。

これは万国共通で、日本でも海外でも仕上げの手間は惜しまないよう言われます。仕上げは制作工程の最終段階。気が抜けてどうしても面倒に思えることが多いとは思いますが、最後にもう一息がんばってみましょう。

一言で finishing（仕上げ）と言っても、seaming（とじはぎ）や blocking（ブロッキング）など、さまざまな工程があります。

・とじはぎ

とじはぎをする段階になると、「早く仕上げたい！」と焦る気持ちも出てきますが、少し押さえて、時間をたっぷり充てて丁寧に作業するようにしましょう。あとできっと、時間をかけてよかったと納得するはずです。

・ブロッキング

「ブロッキング」は英文パターンの仕上げ段階で必ずといっていいくらい登場します。日本では馴染みが薄いかもしれませんが、「仕上げアイロン」に相当します。ブロッキングについては次のページで詳しく説明しますが、スチームアイロンの効果は絶大です。私自身も編みものの勉強をし始めたころにスチームアイロンの威力に驚かされたことを思い出します。

例えば、「編み上がった身頃の寸法がちょっと…」や「編み目が不揃い…」と思ったときでもスチームアイロンさえあれば何とかなるものです。海外の作家さんも Steam makes magic！（スチームは魔法だ！）と言うくらいです。

使い慣れるまでは不安や戸惑いがあるかもしれませんが、仕上げには是非スチームアイロンを味方につけましょう！

「ブロッキング」って何？

英文パターンでは、仕上げについての指示の中によく出てくるブロッキング（blocking）。
これは編み上がった編み地や作品を、水通ししたり、蒸気を当てたりすることで、縮んでしまっている編み地を伸ばして寸法を出したり、形を整えたり、編み目を安定させる工程のことを指します。ブロッキングは、仕上げの中でも非常に大事なポイントです。海外では、「ブロッキングをしない人にはレースのショールを編む資格などない」と、冗談にしては厳しい言葉が交わされたりするほどです。

一般的に「ブロッキング」には、水に通す wet blocking と蒸気を当てる steam blocking があります。もう一つ、おしぼりやタオルを湿らせてその上からアイロンをかける wet-towel blocking という方法もあります。洋書やインターネットでは、blocking といえばほとんどの場合 wet blocking を指します。
水通しをする理由としては、「糸を柔らかくする」、「汚れや残った染料を落とす」、「繊維特有の匂いをとる」などがあります。

これらはほとんどが海外の糸事情に対応するためのものです。日本製の糸の場合には汚れや匂いなどはメーカー側で処理しているため、日本でブロッキングというと steam blocking つまり「仕上げアイロン」が主流となっています。Wet-towel blocking は、アイロンのスチーム機能が万全ではないような時に便利です。
海外の糸を使ったときは、ぜひ wet blocking に挑戦しましょう。

一般的な水通し（wet blocking）の手順としては：

① 人肌程度のぬるま湯に編み地や作品を浸します。手などで押さえずに、自然と水分を吸収させるようにします。ものによっては30分から1時間程度かかることもあります。

② お湯から出したら、バスタオル等で巻いて余分な水分を丁寧に取り除きます。ここでは決して絞らないでください。

※①で使うぬるま湯に、お好みでウールウォッシュ（wool wash）を入れても構いません。ウールウォッシュとは、ウール専用の洗い流し不要の洗剤です。余分な汚れを除去し、香りをつけてくれて、防虫効果のあるものもあります。主に海外の商品ですので、海外の毛糸屋さんやネットショップで購入することができます。

上記の手順は一般的なセーターやショール、編み地の場合です。
フェアアイルセーターのように編み上がった作品を縮絨させる工程も「ブロッキング」と呼びます。この場合は、水通

英文パターンでよくある質問

しする際の温度差を利用し、摩擦を多少加えることで「仕上がり寸法」に合うよう、また独特の風合いが出るよう縮絨させることを目的としています。

水通しをして余分な水分を切ったあとは、必要に応じてピン打ちをして、自然乾燥させます。ウェアの場合には実寸に合わせて、ショールなどは形や模様が整うようにピンを打って平干しにします。このとき、ピン打ちの土台として赤ちゃん用のプレイマットを使えば、湿ったものを乗せても、ピンを打っても大丈夫です。また、ベニヤ板にキルト綿を貼ってブロッキングボードを手作りする方もいるようです。住まいに余裕があれば、和室をブロッキング部屋にしてしまうといったケースもあります。皆さんの工夫次第でブロッキングを楽しみましょう。既製品でも、靴下の形をしたソックブロッカーや、フェアアイルセーターなどのT字型のセーターを被せて乾かすウーリーボードなど、ブロッキング用のアイテムが色々販売されています。

ちなみに、steam blocking に当たる「仕上げアイロン」も、上記のようにアイロン台の上でピン打ちをして、スチームをたっぷりかけます。1回ではアイロン台に乗りきらないサイズの場合には、半分ずつかけたりしましょう（薄手のものなら半分に折ってかけてもOKです）。

最も気を付けたいポイントは、編み地をアイロンで押さえないこと。せっかくの編み目がつぶれてしまいます。スチームをかけることが目的なので、アイロン面はほとんど浮かせた状態にしましょう。また、もちろん素材によって取り扱いは、変わってきますので、ウール以外の糸で編んだ場合はブロッキング前にラベルの取り扱い表示を確認しましょう。

針の持ち方や編み方って、日本と海外とでは違うの？

自分の棒針での編み方が「フランス式」か「アメリカ式」かは、日本に限らずニッターの間では頻繁に話題になります。「フランス式」のことを英語では Continental knitting と言い、「アメリカ式」のことは English knitting と言います。
この2つが英語圏では主流のようですが、まだまだ世界には色々な編み方があります。南米では編む糸を首にかけて調整するというような編み方もあるようです。

主流の2つに話は戻りますが、「フランス式」＝ picking、「アメリカ式」＝ throwing という呼び方もあります。
「フランス式」で編む時の動作が左手にかかっている糸を右針で「拾いあげる」かのようであることから picking、「アメリカ式」では糸を右手で針に「かける」動

作をすることからthrowingとなるようです。
このため、フランス式で編む人をpicker、アメリカ式で編む人をthrowerとカジュアルに呼ぶこともあります。
p105でも触れたように、一般的にフランス式の方が編み地が緩めになる傾向があるようです。

> 海外の針は
> 種類が豊富だけど、
> 選ぶ基準はあるの？

針の種類は棒針やかぎ針、輪針などがありますが、針の材質もバラエティに富んでいます。

日本では昔から竹が一般的です。竹は日本では手に入りやすく、強度も高いし使いやすいため、棒針でも輪針でも不動の人気を誇っています。しかし、竹製の針は欧米から見ると珍しく、貴重品のようで、お土産に購入される方も多いです。
プラスチックや真鍮のものも日本では珍しくありません。私も、プラスチックのかわいらしい色の針を見かけるとついつい手に取って買ってしまいます。
一方海外にも、日本ではなかなか見ないような材質の針があります。
竹以外の木材でいうと、クルミやメープル、ローズウッド（紫檀）、クリ、黒檀等を使った針があります。どれも硬度に優れた木材で、竹のように年月とともに良い味を出してくれそうです。

さらに、断面の形もさまざまです。
針というと丸いものしか思い浮かばないと思いますが、海外では三角形や四角形、六角形の針があります。もちろん、鉛筆のように針先はちゃんと円になっています。
本体に、三角や四角、六角形のように平らな面があると持った時の座りが良く、手にやさしいということのようです。私も何組か持ってはいるものの、恥ずかしながらその良さを実感できるほど使えていません。

輪針では、アルミ素材や真鍮のものも多く見かけます。個人的によく使うのは「竹」ですが、素材によって滑りがほしい時などにはメタル製のものを使用しますし、また逆に滑りそうな素材にはメタルは使わないようにするなど、使い分けています。
ただ、同じ号数の針で同じ糸を編む場合でも、針の材質によってゲージが変わる可能性があるので気をつけましょう。針と糸との相性（滑りやすい、摩擦が大きいなど）によって、ゲージに微妙な違いが出るのです。

他には、「メタルの針だと編んでいる時

にカチカチという音がする」、「メタルの針は持った時の感触がひんやりする」、「竹の針は手のぬくもりが馴染みやすい」等といった点も気にしながら材質を選ぶ方もいるようです。皆さんはいかがでしょうか。

針先の尖り具合もさまざまで、この点は編み進めやすさ、そして結果的には編み進む速度にも大きく影響します。

針先がシャープな方が目を拾いやすい反面、針先が余計なところに入り込み糸が割れてしまうこともあります。

材質も尖り具合も最終的には個人個人の好みと使いやすさに尽きますね。

> かぎ針のパターンなのに、「台の目」がないし、立ち上がりの目数も足りないように見えます。パターンが間違っているのでしょうか。

かぎ針編みの編み地を編むために必要なのが、「立ち上がり」の鎖目です。
立ち上がりとは、段の編み始めにその段の編み目の高さを鎖目で編むものです。たとえば、細編みの場合は立ち上がりが1目、中長編みは2目、長編みは3目…というように、それぞれの編み目の高さに応じて立ち上がりの鎖目の数が決まっています。そして、細編みの場合以外は、立ち上がりの目も1目として数えますので、台の目も必要となります。

英文のかぎ針編みのパターンでも、立ち上がりの鎖目の数は日本で慣れ親しんでいる数と基本的には同じです。とはいえ、「ルール」から外れているようなケースも珍しくありません。
「長編みなのに立ち上がりが2目しかない!」というようなパターンも実際にあるのです。日本のように辻褄がきっちり合うわけではありません。
また、立ち上がりの目数が合わないことや、台の目がないことがあっても、間違っているわけではありません。パターンの説明を読むと意図的に立ち上がりの

数を減らしていることがわかる場合もあります。

立ち上がりの目の数は、日本では「決まりごと」として教わりますが、欧米では一般論として伝えることなのです。つまり、「長編みの場合の立ち上がりは通常3目だけれど、これを4目や5目にするとどうなるでしょう？　こうやって機能性を追求するだけではなくちょっとアレンジしてみると、デザインにも活かせますね。」というふうに、自由に変えて楽しむものとして説明されているのです。

このように、視点を少し変えるだけで「謎解き」を「楽しむこと」に変えることができます。また、編んでいてどうしても自分の手加減と合わない場合や、立ち上がりの数は「ルール」通りに編みたいと思われる場合には、数を変えてしまっても一向に構わないと思います。ただし、他のところに支障がないことを確認した上で変えることも大事ですね。

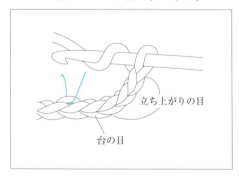

かぎ針編みの用語は、アメリカ英語とイギリス英語で違うの？

かぎ針編みの英文パターンは、棒針編みとくらべて、編み目記号を使って編み図として書かれていることが多いです。しかも日本の編み目記号と同じかそれに近い記号が多く、日本のかぎ針編みに慣れた方なら分かりやすいはずです。

文章ではなく図が多いのは、かぎ針のパターンは、文章で書ききることが難しく、書いたとしても文章が長くなってしまうからでしょう。

文章でパターンが書かれている場合は、アメリカ英語とイギリス英語で使う用語が違うことがあるので注意が必要です。しかも同じ単語でちがう編み目を指すことがあります。用語集ではその違いを示しながら載せていますが、ここでも主なものをまとめてみました。

英文パターンでよくある質問

日本語	アメリカ英語	イギリス英語
細編み	single crochet (**sc**)	double crochet (**dc**)
中長編み	half double crochet (**hdc**)	half treble crochet (**htr**)
長編み	double crochet (**dc**)	treble crochet (**tr**)
長々編み	triple/treble crochet (**tr**)	double treble crochet (**dtr**)
三つ巻長編み	double treble crochet (**dtr**)	triple treble crochet (**tr tr**)

パターン中にアメリカ英語とイギリス英語のどちらが使用されているかは、パターンの冒頭に「This pattern is written in British terms（このパターンはイギリス英語で書かれています）」等と、断り書きが入っていることが多いです。また、出版社やパターンのデザイナーが活動している会社や国によっても見分けられます。

アメリカ英語とイギリス英語との違いは、数に関する単語にあります。single（1つの）、double（2倍の）、treble又はtriple（3倍の）の言葉が「何を指すか」という点です。
アメリカ英語では、前の段の目にかぎ針を入れてから目を編み終えるまでに「針に糸をかけた回数」を指します。
これに対してイギリス英語では、糸を一度引き出した後の針にかかっている「糸の本数」です。

「細編み」を例に説明しましょう。目に針を入れた後、針に糸をかける動作は1回（図の①）ですから、アメリカ英語では「single crochet」となります。また、目に針を入れて掛けた糸を一旦引き出した時点で針にかかっている糸は2本（図の②）なのでイギリス英語では「double crochet」です。長編み、長々編み等の場合も同じ考え方です。

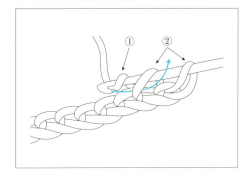

かぎ針の持ち方も、日本と海外で違いがあるの？

海外では、棒針と同じようにかぎ針の持ち方もさまざまです。日本と同じように「基本の持ち方」というものはありますが、その他の「ルール」と同じように「状況に合わせて、または好みに合わせて持ち方を変えても構いませんよ」というスタンスです。

かぎ針の持ち方も、棒針のように主に2つのグループに分かれています。
「Knife gripper（ナイフ・グリッパー＝ナイフ持ち）」と「Pencil gripper（ペンシル・グリッパー＝鉛筆持ち）」です。

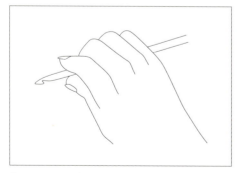

「ナイフ・グリッパー」はその名前から想像できるように、ナイフを持つときのようにかぎ針を持って編みます。針を上から持つことで力が入りやすくコントロールしやすいのですが、小回りが利きにくい持ち方です。何ミリというようなサイズのジャンボ針を使うときにはこちらの持ち方の方が力を入れやすく、手にやさしそうですね。

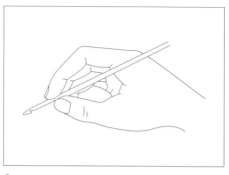

「ペンシル・グリッパー」もその名の通りで、鉛筆やペンを持つときのようにかぎ針を持って編みます。日本で教わるのはこれに近い持ち方で、針を下から持つことで細かいコントロールが利きやすくなっています。

私も、元は上から握るようにかぎ針を持つ「ナイフ・グリッパー」でした。編みものの勉強を始めたときに矯正してはじめて下から持つようになりましたが、今は編むもの、使う素材などで使い分けています。

基本は大事ですが、体を痛めてもいけないので、今は「手にやさしく」を最優先させているかもしれません。

英文パターンを実際に編んでみよう！

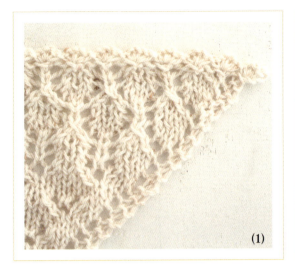
(1)

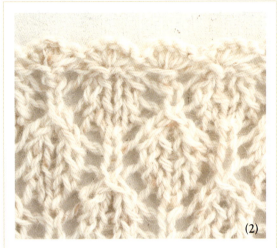
(2)

(3)

英文パターンを
実際に
編んでみよう！

(4)

(5)

(6)

(7)

(8)

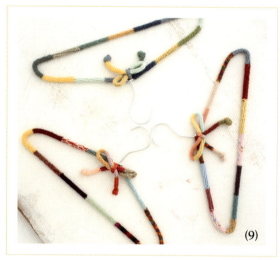

(9)

(10)

(1), (2), (3)：Samonne Shawl ▶ p124

※ (3) は、blocking をする前の状態です。糸種や仕上げにより、同じパターンでもかなり表情が変わります

(4), (5)：Window Pane Hat ▶ p130

(6), (7)：Gathered Cowl ▶ p136

(8)：Zigzag scarf ▶ p139

(9)：Patchwork Hanger ▶ p142

(10)：Flower-motif Tape Measure Cover ▶ p144

Samonne Shawl

Yarn: Hamanaka Sonomono Tweed （color: 71） 3 balls (120g / Approx.330m)

Needle: No.6 (3.9 mm) circular needle (80 cms or longer)

Notions: Four stitch markers, tapestry needle

Gauge: 15 sts, 20 rows in main pattern

Finished size: 120 cms wide, 47 cms long

Stitch Glossary:

2-to-5: K2tog and continue working (yo, k1) twice into the same 2 sts

3-to-5: K3tog and continue working (yo, k1) twice into the same 3 sts

Instructions:

Using provisional crochet chain cast on, co 2 sts and knit 7 rows to make garter stitch tab.

Pick up 3 sts along the side edge and 2 more sts from CO end by removing provisional CO. （7 sts）

Set up row for placing markers (RS): K2, pm, yo, k1, yo, pm, k1, pm, yo, k1, yo, pm, k2 (11 sts)

Next row (WS) and all WS rows: Sl1, k1, purl slipping markers along the way to last m, k2

The following are instructions for RS only. All WS rows are to be worked as mentioned above.

There will be an increase of 4 sts after every RS row.

Row 1:   Sl1, k1, *sm, yo, k to next m, yo, sm* k1, rep from * to *, k2 （15 sts)

Row 3:   Repeat Row 1. (19 sts)

Row 5:   Sl1, k1, sm, yo, k3, yo, ssk, k2, yo, sm, k1, sm, yo, k2, k2tog, yo, k3, yo, sm, k2 (23 sts)

Samonne Shawl

三角ショール「サモンヌ」

使用糸： ハマナカ ソノモノツイード（色番：71）3 玉（120g / 約 330 m）
使用針： 6 号 (3.9 mm) 輪針 （80 cm）
用具： マーカー 4 ヶ、とじ針
ゲージ： 模様編み 10 センチ四方で 15 目、20 段
仕上がり寸法： 幅 120 ㎝、長さ 47cm

略語の解説：

「2 目→5 目」：左上 2 目一度を編むように針を入れて、「表 1、かけ目、表 1、かけ目、表 1」を編み、2 目から 5 目を編み出す

「3 目→5 目」：上記のように、左上 3 目一度を編むように針を入れて、3 目から 5 目を編み出す

編み方：

別鎖で 2 目作り目をする。編む糸で 7 段表編みをして、ガーター編みの細い帯を編む。
そのまま帯の左端の段から 3 目拾い、さらに作り目側の別糸をほどいて 2 目拾う。
（帯の 3 方向から目を拾い出した状態、合計 7 目）

マーカーを入れるための準備の段（表側）：

表 2、マーカーを入れる、かけ目、表 1、かけ目、マーカーを入れる、表 1、マーカーを入れる、かけ目、表 1、かけ目、マーカーを入れる、表 2 （11 目）

次の段（裏側）と以降裏側の段すべて：すべり目 1、表 1、最後のマーカーまで途中のマーカーを右針に移しながら裏編み、マーカーを移す、表 2

これ以降の編み方の説明は表側のみ記載しています。裏側は前述の通り、両端の 2 目以外は裏編みします。表側では 4 目ずつ増えます。

1 段め： すべり目 1、表 1、[マーカーを移す、かけ目、次のマーカーまで表編み、かけ目、マーカーを移す]、 表 1、もう一度 [〜] までをくり返す、表 2 （15 目）

3 段め： 1 段めをくり返す （19 目）

5 段め： すべり目 1、表 1、マーカーを移す、かけ目、表 3、かけ目、右上 2 目一度、表 2、かけ目、マーカーを移す、表 1、マーカーを移す、かけ目、表 2、左上 2 目一度、かけ目、表 3、かけ目、マーカーを移す、表 2 （23 目）

実践編 125

Row 7: Sl1, k1, *sm, yo, k2, k2tog, yo, k1, yo, ssk, k2, yo, sm *, k1, work from * to * again, k2 (27 sts)

Row 9: Repeat Row 1 (31 sts)

Rows 11: Sl1, k1, sm, yo, k1, *k2, yo, ssk, k2; rep from * to next m, yo, sm, k1, sm, yo, k1, *k1, k2tog, yo, k3; rep from * to next m, yo, sm, k2 (35 sts)

Row 13: Sl1, k1, sm, yo, *k2, rep [k2tog, yo, k1, yo, ssk, k1] until 1 st before next m , k1*, yo, sm, k1, sm, yo, work from * to * again, yo, sm, k2 (39 sts)

Row 15: Repeat Row 1 (43 sts)

Repeat rows 11 to 16 ten more times (163 sts)

Work lace edging as follows:

Rows 1: Sl1, k1, sm, yo, k1, *k2, yo, ssk, k2; rep from * to next m, yo, sm, k1, sm, yo, k1, **k1, k2tog, yo, k3; rep from ** until next m, yo, sm, k2

Row 3: Sl1, k1, sm, yo, *k2, repeat [k2tog, yo, k1, yo, ssk, k1] until 1 st rem before m, k1*, yo, sm, k1, sm, yo, work from * to * again, yo, sm, k2

Row 5: Sl1, k1, sm, yo, *k3, repeat [k2tog, yo, k1, yo, ssk, k1] until 2 sts rem before m, k2* yo, sm, k1, sm, yo, work from * to * again, yo, sm, k2

Row 7: Sl1, k1, sm, yo, *k1, yo, ssk, k1, repeat [k2tog, yo, k1, yo, ssk, k1] until 3 sts rem before m, k2tog, yo, k1*, yo, sm, k1, sm, yo, work from * to * again, yo, sm, k2

7段め： すべり目1、表1、[マーカーを移す、かけ目、表2、左上2目一度、かけ目、表1、かけ目、右上2目一度、表2、かけ目、マーカーを移す]、表1、もう一度[～]までを編む、表2 （27目）

9段め： 1段めをくり返す（31目）

11段め： すべり目1、表1、マーカーを移す、かけ目、表1、次のマーカーまで[表2、かけ目、右上2目一度、表2]をくり返す、かけ目、マーカーを移す、表1、マーカーを移す、かけ目、表1、次のマーカーまで[表1, 左上2目一度, かけ目、表3]をくり返す、かけ目, マーカーを移す、表2 （35目）

13段め： すべり目1、表1、マーカーを移す、かけ目、[表2, 次のマーカーの1目手前まで（左上2目一度、かけ目、表1, かけ目、右上2目一度、表1）をくり返す、表1]、かけ目, マーカーを移す、表1、マーカーを移す、かけ目、もう一度[～]までを編む、かけ目、マーカーを移す、表2 (39目)

15段め： 1段めをくり返す（43目）

11段めから16段めまでをあと10回くり返す（163目）

縁編みを編む：

1段め： すべり目1、表1、マーカーを移す、かけ目、表1、[表2、かけ目、右上2目一度、表2]を次のマーカーまでくり返す、かけ目、マーカーを移す、表1、マーカーを移す、かけ目、表1、[表1、左上2目一度、かけ目、表3]を次のマーカーまでくり返す、かけ目、マーカーを移す、表2

3段め： すべり目1、表1、マーカーを移す、かけ目、[表2、（左上2目一度、かけ目、表1、かけ目、右上2目一度、表1）をマーカーの1目手前までくり返す、表1]、かけ目、マーカーを移す、表1、マーカーを移す、かけ目、[～]までを編む、かけ目、マーカーを移す、表2

5段め： すべり目1、表1、マーカーを移す、かけ目、[表3、（左上2目一度、かけ目, 表1、かけ目、右上2目一度、表1）をマーカーの2目手前までくり返す、表2]、かけ目、マーカーを移す、表1、マーカーを移す、かけ目、[～]までを編む、かけ目、マーカーを移す、表2

7段め： すべり目1、表1、マーカーを移す、かけ目、[表1、かけ目、右上2目一度、表1、（左上2目一度、かけ目、表1、かけ目、右上2目一度、表1）をマーカーの3目手前までくり返す、左上2目一度, かけ目, 表1]、かけ目、マーカーを移す、表1、マーカーを移す、かけ目、[～]までを編む、かけ目、マーカーを移す、表2

英文パターンを実際に編んでみよう！

Samonne Shawl

Row 9: Sl1, k1, sm, yo, *k3, repeat [yo, sk2po, yo, k3] until m*, yo, sm, k1, sm, yo, work from * to * again, yo, sm, k2

Rows 11–19: Repeat rows 5 to 10 one more time and rows 5 to 7 again. End on RS row. (203 sts)

Row 20 (WS): Knit across to end of row

Row 21 (RS): Work 2-to-5 once, rm, work 3-to-5 to next m, rm, k1, rm, work 3-to-5 to next m, rm, 2-to-5

Bind off knitwise on WS row. Weave in ends and block

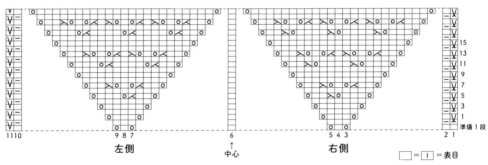

三角ショール（本体）

Samonne Shawl

9段め： すべり目1、表1、マーカーを移す、かけ目、[表3、(かけ目、右上3目一度、かけ目、表3)を次のマーカーまでくり返す]、かけ目、マーカーを移す、表1、マーカーを移す、かけ目、[〜]までを編む、かけ目、マーカーを移す、表2

11〜19段め： 5段めから10段めをもう一度編み、続けて5段めから7段めの表の段までをもう一度くり返す。(203目)

20段め（裏側）：表編み

21段め（表側）：「2目→5目」、マーカーを外す、次のマーカーまで「3目→5目」をくり返す、マーカーを外す、表1、マーカーを外す、次のマーカーまで「3目→5目」をくり返す、マーカーを外す、残り2目を「2目→5目」

裏側から表目を編んで伏せる。糸始末、ブロッキングをする。

三角ショール（縁編み）

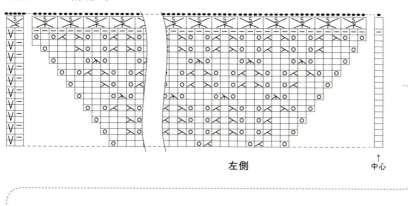

左側　　中心

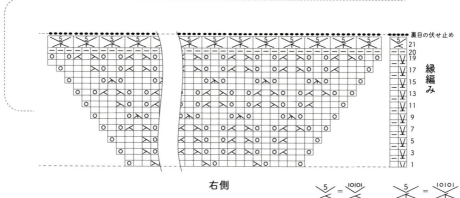

右側

Window Pane Hat

参照		
MC	→	p64
CC	→	p57
pfb	→	p66
s2kpo	→	p69

Yarn: Puppy British Eroika

Main color (MC): Beige (color: 143) 1 ball (50g / Approx. 80 m)

Contrast color (CC): Royal blue (color: 198) 1 ball (50g / Approx. 80 m)

Needles: No.8 (4.5 mm) straight needles, No.10 (5.1mm) circular needle and dpns

Notions: 6 stitch markers, tapestry needle, one 2.2cm button

Finished size: 50 cms head circumference, 23 cms in depth from bottom of brim to top

Window Pane Slip stitch pattern (worked in rounds)

Rnd 1:   (MC) *k3, sl1 repeat from * until end of rnd

Rnd 2:   (MC) Repeat Rnd 1

Rnd 3:   (CC) Knit to end of rnd

Rnd 4:   (CC) Purl to end of row

Repeat rnds 1 - 4

Instructions

Brim:

With MC and No.8 needle, co 11 sts.

Knit 6 rows, placing a removable marker at the beginning of the 1st row.

Make button hole on next row: k4, k2tog, yo, k5

Resume knitting in garter stitch until there are 90 garter ridges from cast on edge (180 rows).

Bind off and cut yarn to fasten off.

Pick up stitches and start working in the round for crown:

Lay strip sideways, with the button hole to your right and removable marker at the upper right corner.

With CC and No.10 circ needle, pick up and knit 1 st from each garter ridge along the top edge of the garter strip starting from the marked corner as follows:

*pick up 14 sts, pm; rep from * five more times. (Total 84 sts).

ウィンドウペイン模様の帽子

使用糸： パピーブリティッシュエロイカ

地色： ベージュ（色番：143）、配色：ブルー（色番：198） 各1玉（50ｇ/約80ｍ）

使用針： 8号（4.5mm）の棒針、10号（5.1mm）の輪針と4本針

用具： スティッチマーカー6ヶ、とじ針、直径2.2cmのボタン1ケ

仕上がり寸法： 頭回り50cm、深さ23 cm

ウィンドウペイン模様（輪に編む場合）：

1段め： （地色）【表3、すべり目1】を段の最後までくり返す

2段め： （地色）1段めの内容をくり返す

3段め： （配色）表編み

4段め： （配色）裏編み

1〜4段めの1模様（4目4段）をくり返す。

編み方

ブリム：

8号針と地色で11目作り目をする。

6段表編みで編む（ガーター編み）。この時、1段めの編み始めに段数マーカーを付けておく。

次の段でボタンホールを作る：表4、左上2目一度、かけ目、表5

再びガーター編みを編み、編み始めからガーター編みで180段編む。（ガーターの山が90山）

伏せ止めをして糸を切る。

拾い目をして帽子の本体を輪に編む：

ブリムの編み地を、ボタンホールが右に、段数マーカーが右上の角になるように横向きにして、段からの拾い目をする。

拾い目は配色糸と10号の輪針を使って、ガーター2段から1目の割合で、以下の要領で拾い目をする：

【拾い目を14目、マーカーを入れる】、【〜】をあと5回くり返す。（合計84目）

Window Pane Hat

6 garter ridges will remain unworked.

Join beginning and end of row to start knitting in the round.

Set up rnd: Cont with CC, *pfb, p to 1 st before m, pfb, sm; rep from * to end of round (Total 96 sts)

Change to MC and begin working Window Pane pattern. Work 6 repeats (24 rnds) in pattern. Remove markers along the way except for BOR marker.
End with CC.

Decrease section (12 sts dec in every decrease rnd.)
Switch to dpn as stitch count decreases.

Cont with CC:

Dec rnd 1:	Remove BOR marker, sl 1 st to RH needle, replace BOR marker. (K13, s2kpo) six times. (84 sts)
Next two rnds:	Repeat (K13, sl1) to end of round.
Dec rnd 2:	Remove BOR marker, sl 1 st to RH needle, replace BOR marker. (K11, s2kpo) six times. (72 sts)
Next two rnds:	Repeat (K11, sl1) to end of round.
Dec rnd 3:	Remove BOR marker, sl 1 st to RH needle, replace BOR marker. (K9, s2kpo) six times. (60 sts)
Next two rnds:	Repeat (K9, sl1) to end of round.
Dec rnd 4:	Remove BOR marker, sl 1 st to RH needle, replace BOR marker. (K7, s2kpo) six times. (48 sts)
Next two rnds:	Repeat (K7, sl1) to end of round.
Dec rnd 5:	Remove BOR marker, sl 1 st to RH needle, replace BOR marker. (K5, s2kpo) six times. (36 sts)
Next two rnds:	Repeat (K5, sl1) to end of round.
Dec rnd 6:	Remove BOR marker, sl 1 st to RH needle, replace BOR marker. (K3, s2kpo) six times. (24 sts)

拾い終わると、ガーターが12段（6山分）残る。
そのままの状態で、ブリムの残った部分を、拾い始めと重ねて次から輪に編む。

準備の段：配色糸のまま、【pfb（裏編みの編み出し増し目）、マーカーの1目手前まで裏編み、pfb、マーカーを右針移す】、【〜】を段の終わりまでくり返す。（合計96目）

次の段から地色に替えて「ウィンドウペイン模様」を編み始める。4段1模様を6模様（24段）編む。模様がある程度定着したら、段の始めのマーカー以外は外す。最後の段は配色で終わる。

トップの減目（減目の段で12目減）
※目数が少なくなるので様子を見て4本針に替える。

続けて配色糸で編む。

減目の段1：	段の始めのマーカーを一旦はずし、1目を右針に移す、マーカーを付け直す。【表13、中上3目一度】を6回編む。（84目）
次の2段：	【表13、すべり目1】を段の最後までくり返す。
減目の段2：	段の始めのマーカーを一旦はずし、1目を右針に移す、マーカーを付け直す。【表11、中上3目一度】を6回編む。（72目）
次の2段：	【表11、すべり目1】を段の最後までくり返す。
減目の段3：	段の始めのマーカーを一旦はずし、1目を右針に移す、マーカーを付け直す。【表9、中上3目一度】を6回編む。（60目）
次の2段：	【表9、すべり目1】を段の最後までくり返す。
減目の段4：	段の始めのマーカーを一旦はずし、1目を右針に移す、マーカーを付け直す。【表7、中上3目一度】を6回編む。（48目）
次の2段：	【表7、すべり目1】を段の最後までくり返す。
減目の段5：	段の始めのマーカーを一旦はずし、1目を右針に移す、マーカーを付け直す。【表5、中上3目一度】を6回編む。（36目）
次の2段：	【表5、すべり目1】を段の最後までくり返す。
減目の段6：	段の始めのマーカーを一旦はずし、1目を右針に移す、マーカーを付け直す。【表3、中上3目一度】を6回編む。（24目）
次の2段：	【表3、すべり目1】を段の最後までくり返す。

Window Pane Hat

Next two rnds:	Repeat (K3, sl1) to end of round.
Dec rnd 7:	Remove BOR marker, sl 1st st to RH needle, replace BOR marker. (K1, s2kpo) six times. (12 sts)
Next two rnds:	Repeat (K1, sl1) to end of round.
Last dec rnd:	K2tog around. 6 sts remaining.

Cut yarn leaving a 10" (25 cms) tail. With tapestry needle, draw tail through rem sts and fasten tight.

Weave in ends. Sew button onto the remaining end of the brim, underneath the buttonhole.

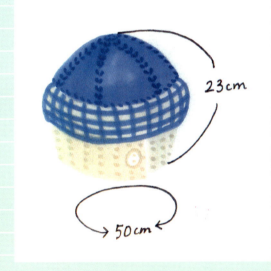

Window Pane Hat

減目の段7: 段の始めのマーカーを一旦はずし、1目を右針に移す、マーカーを付け直す。
【表1、中上3目一度】を6回編む。（12目）

次の2段: 【表1、すべり目1】を段の最後までくり返す。

最後の減目の段: 左上2目一度を段の最後までくり返す。（6目）

糸端を約10インチ（25cm）残して糸を切る。とじ針で糸端を残りの編み目に通してしっかり絞る。糸始末をする。

ブリムの拾い目をしていない部分に、ボタンホールの位置に合わせてボタンをつける。

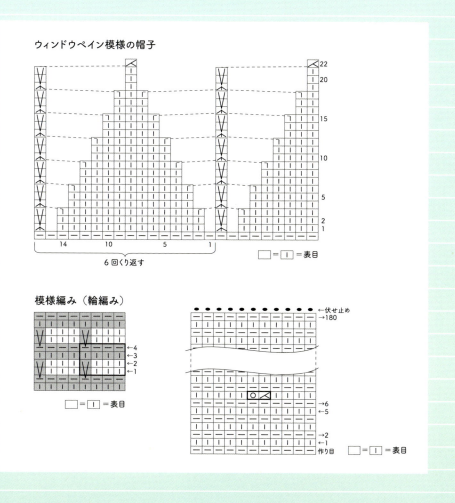

Gathered Cowl

Yarn:	NIKKE VICTOR YARN Pure alpaca　(Color: 92 Magenta / 51 Beige)
	4 balls (160 g / 440 m)
Needle:	No.4 (3.3 mm) and No.6 (3.9 mm) straight needles, tapestry needle
Gauge:	40sts = 10 cms, 14 rows = 4.75 cms
Finished size:	20 cms in width, 114 cms in circumference

Stitches:

Stockinette stitch: Knit on RS rows and purl on WS rows.

Garter stitch:　　 Knit on both RS and WS rows.

参照	
kfb →	p63
k2tog →	p62

Instructions:

Cast on 40 stitches with smaller needle.

Knit 2 rows. (Garter stitch)

Row 1 (RS):	Switch to larger needle, and kfb to end of row.　(Total 80 sts)
Rows 2-8:	Work in stockinette stitch, ending with WS row.
Row 9 (RS):	Switch to smaller needle, and k2tog to end of row.　(Total 40 sts)
Rows 10-14:	Knit in garter stitch, ending with WS row.

Repeat rows 1 – 14 twenty two times more, or until desired length.

Work Rows 1 – 11 once more.

Bind off on WS. Sew cast on row together with bind off row using your method of choice.

Weave in ends.

Gathered Cowl

ギャザー入りのスヌード

使用糸：　　ニッケビクター　ピュアアルパカ　（色番：92 濃いピンク／51 オフホワイト）
　　　　　　　4玉 (160 g / 440 m)

使用針：　　4号（3.3mm）と6号（3.9 mm）の棒針、とじ針

ゲージ：　　40目：10cm、14段：4.75cm

仕上がり寸法：　幅20cm、周囲114cm

模様編み：

メリヤス編み：　表側：表編み、裏側：裏編み
ガーター編み：　表側と裏側：どちらも表編み

編み方

4号針で40目作り目をする。

表編みで2段編む。（ガーター編み）

1段め（表側）：　6号針に持ち替え、段の最後までkfbで増し目をしながら編む。（合計80目）

2～8段め：　　メリヤス編みで編む。最後の8段めは裏側で終わる。

9段め（表側）：　4号針に持ち替え、段の最後まで左上2目一度をしながら編む。（合計40目）

10～14段め：　ガーター編みで編み、最後の14段めは裏側で終わる。

1～14段めまでをあと22回（又はお好みの長さまで）くり返す。

1～11段めまでをもう一度編む。

次の裏側で伏せ止めをする。

編み始めと編み終わりをかがる（又はお好みの方法ではぎ合せる）。糸始末をする。

英文パターンを実際に編んでみよう！

Gathered Cowl

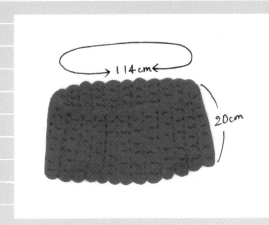

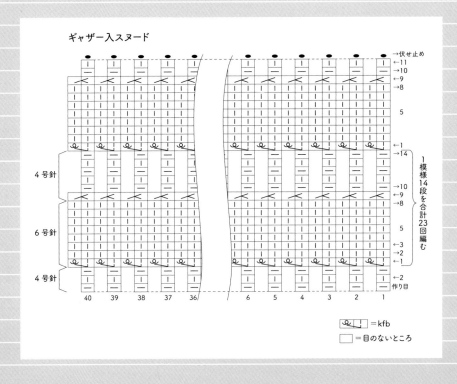

ギャザー入スヌード

⚫ = kfb
☐ = 目のないところ

Zigzag scarf
ジグザグ模様のスカーフ

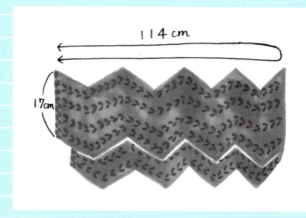

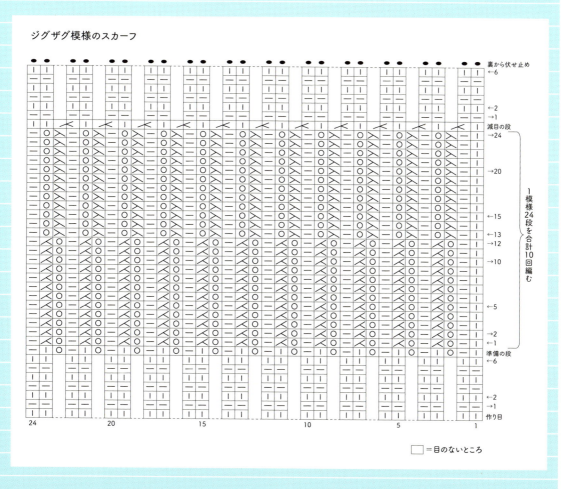

Zigzag scarf

Yarn: Brooklyn Tweed SHELTER (color: Faded Quilt) 2 skeins (100 g / Approx. 255 m)

Needles: No.8 (4.5mm) straight needles

Notions: Tapestry needle

Gauge: 20sts: 10cms, 24 rows: 12 cms

Finished size: Width 17 cms, length 114 cms

参照	
k2tog	→ p62
p2tog	→ p66
ssk	→ p70
ssp	→ p70

Instructions

CO 24 sts using crochet cast on method. Knit 6 rows.

Zigzag pattern begins: (Note: The stitch count will increase during the pattern.)

Set up row (WS) : K1, p1, *yo, k1, p1; repeat from * to end of row. (35 sts)

Rows 1, 3, 5, 7, 9, 11:

K1, p1, *yo, k2tog, p1; repeat from * to end of row.

Rows 2, 4, 6, 8, 10, 12:

*K1, p2tog, yo; repeat from * until 2 sts remain, k1, p1.

Rows 13, 15, 17, 19, 21, 23:

K1, p1, *ssk, yo, p1; repeat from * to end of row.

Rows 14, 16, 18, 20, 22, 24:

*K1, yo, ssp; repeat from * until 2 sts remain, k1, p1.

Repeat these 24 rows 9 more times or until work is at desired length.

Dec row (RS) : K1, (k2tog, k1) 11 times, and end with k1. (24 sts)

Knit 6 rows. BO and weave in ends.

ジグザグ模様のスカーフ

使用糸： ブルックリン・ツイード「シェルター」（色：フェイデッドキルト）2カセ（100g／255m）

使用針： 8号（4.5mm）棒針

用具： とじ針

ゲージ： 本体部分 20目 10cm、24段 12cm

仕上がり寸法：本体幅17cm、長さ114cm

編み方

かぎ針で編みつける方法で24目作り目をする。 表編みで6段編む。

ジグザグ模様を編み始める。（注意：模様部分は目数が増える。）

準備の段(裏側)： 表1、裏1、【かけ目、表1、裏1】、【～】を段の終わりまでくり返す。（35目）

1、3、5、7、9、11段め：

　　表1、裏1、【かけ目、左上2目一度、裏1】、段の終わりまで【～】をくり返す。

2、4、6、8、10、12段め：

　　【表1、裏目の左上2目一度、かけ目】、【～】を段の最後に2目残るまでくり返し、

　　最後は表1、裏1。

13、15、17、19、21、23段め：

　　表1、裏1、【右上2目一度、かけ目、裏1】、【～】を段の終わりまでくり返す

14、16、18、20、22、24段め：

　　【表1、かけ目、裏目の右上2目一度】，【～】を段の最後に2目残るまでくり返し、

　　最後は表1、裏1。

この24段をあと9回（又はお好みの長さまで）くり返す。

減目の段(表側)： 表1、【左上2目一度、表1】を11回、最後は表1。（24目）

　　　　表編みで6段編む。 伏せ止めをして糸始末をする。

Patchwork Hanger

> 参照
> i-cord → p91

Yarn: Any leftover yarn of your choice

Needle: Two 3.0mm double pointed needles, wire hanger, tapestry needle

Instructions

To make i-cord:

CO 4 sts.

Instead of turning work, slide the stitches to the right side end of the needle.

Start knitting the next row by pulling the working yarn across the back of work.

Repeat knitting and sliding, and changing yarn along the way, until cord measures approx. 25 cm.

Continue knitting i-cord onto hanger:

Wrap yarn around hanger after knitting one row by rotating needle around hanger counterclockwise, OR, move working yarn across back of work so that needle and yarn will be in the right position to work the next row.

When the hanger is fully wrapped with i-cord, stop knitting around hanger, and work i-cord at the other end for approx. 25 cm.

Break yarn and draw end through all four stitches with tapestry needle and fasten tight.

Weave in ends.

Tie a bow with the i-cord and make a knot with at each end.

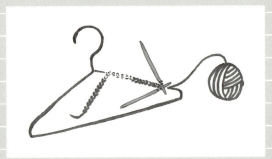

Patchwork Hanger

i-cord を編みつけたパッチワーク風ハンガー

使用糸： お好みの残り糸
使用針： 3号の短針　2本、ワイヤのハンガー、とじ針

編み方

i-cord の編み方：
　　4目作り目をする。
　　編み地は返さず、表面を向けたまま、4目を針の反対側（右先）にスライドさせ、糸は後ろ側を渡すようにして次の段を表編みする。
　　「4目表編みして、編み地を右端にスライド」をくり返し、途中で色替えをしながらコードが約25cmになるまで編む。

続けて i-cord をハンガーに編みつける：
　　1段編み終わると、針をハンガーの回りを1周させるように、針の右先を反時計回りに回す。こうすると次の段が編めるように、糸が針の右側の位置に移動している。もしくは、1段編み終える度に、糸を編み地とハンガーの後ろ側を渡して、次の段が編めるように糸を針の右側に移し、針も編み目が右針先になるようスライドさせる。
　　1段ずつハンガーを編みくるみながら途中で糸替えをして、ハンガーが完全に編み包まれると、コードをハンガーに編みつけるのは止めて、編み始めとは反対側で最初の要領でi-cord を約25 cm 編む。

編み終わりは糸を切り、とじ針で糸端を4目に通して絞って糸始末をする。途中で糸替えをした糸端も始末する。
両端の i-cord の先に結び目を作り、2本で蝶々結びをする。

Flower-motif Tape Measure Cover

Yarn: Leftover yarn in four colors
(Color A: 150cms x 2, B: 120cms x 2, C: 550cms x 2, D: 300cms x 1)

Needles: 3.5mm crochet hook

Notions: Tapestry needle, tape measure (5 cm in diameter, 1.2 mm thick)

Instructions in US terms (Make two)

Popcorn stitch: Work 5dcs into indicated space. Remove hook after 5th dc and put hook into 1st dc and draw through loop from the last dc.

Shell stitch: 1sc, ch3 and 2dc into ch-3 space of the previous round

Rnd 1: With color A, work 4 ch and (1dc, 1ch) 9 times into adjustable ring. Join with sl st into 3rd ch. Cut yarn and fasten.

Rnd 2: With color B, join yarn by making a slip knot onto hook and working sc directly into any ch-1 sp of prev rnd, ch 2, *1sc into next ch-1 sp, ch2; rep from * until end of rnd. Join with sl st into 1st sc. (10 scs, 10 ch-2 sps)

Rnd 3: With color C, join yarn to any ch-2 sp of prev rnd, ch3 and 4dc into same sp. work a popcorn st.
Ch3. *5dc into next ch-2 sp of prev rnd to make a popcorn st. and ch3.
Repeat from * 8 more times. Join with sl st into the first popcorn st.
Cut yarn and fasten. (10 popcorn sts, 10 ch-3 sps)

After making two pieces, weave in ends. Hold them so that both of the RSs are facing out.

Join color D, in the same way as in Rnd 2, onto any ch-3 sp, making sure that it is attached to both pieces. Ch3, 2dc into same sp.

Repeat working shell stitch 8 more times into the next ch-3 sp, making sure to insert tape measure before both sides are fully closed.

Nine shells all together, leaving one section open with only 1sc for pulling out the tape measure.

Cut yarn and weave in ends.

Optional: Make a tassel for pulling out the tape.

お花モチーフのテープメジャーカバー

使用糸： 並太程度の残り糸　4色

（A色：150cm×2、B色：120cm×2、C色：550cm×2、D色：300cm×1）

使用針： 6/0号（3.5mm）かぎ針

用具： とじ針、市販のテープメジャー（直径5cm、厚み1.2mm程度のもの）

編み方（2枚作る）

パプコーン編み： 長編み5目を所定の位置に編み入れると、一度針を外し、1目めから最後の目のループを引き抜く。

シェル模様： 次の鎖3目のスペースに、細編み1目、鎖3目、長編み2目を編む。

1段め： A色で、輪を作り鎖4目編む（立ち上がり3目＋1目）。続けて「長編み1目、鎖1目」を9回編む。立ち上がりの鎖の3目めに引き抜き、編み始めと編み終わりをつなげる。糸を切って止める。

2段め： B色でかぎ針に輪を作り、前段の鎖1目のスペースに針を入れて細編みを編んで糸をつけ、鎖2目編む。続けて【前段の次の鎖1目のスペースに細編み1目、鎖2目】を段の最後までくり返す。最初の細編みに引き抜きをして、段の編み始めと編み終わりをつなげる。（細編み10目、鎖2目のスペース×10）

3段め： C色を前段の鎖2目のスペースに付け、鎖3目と長編み4目を同じ場所に編み入れパプコーン編みをして、鎖3目を編む。

【次の鎖2目のスペースに、長編み5目のパプコーン編み、鎖3目】を編み、それをあと8回くり返す。最初のパプコーン編みに引き抜きをして段の編み始めと編み終わりをつなげる。（パプコーン編み×10、鎖3目のスペース×10）

同じモチーフを2枚作り、糸始末をする。外表になるように2枚を合わせる。

モチーフ2枚を重ねた状態で、D色の糸で2段めと同様に鎖3目のスペースに細編みを編む。

続けて、鎖3目、長編み2目を同じ場所に束に編みつける。

シェル模様をあと8回編むが、完全に編み切る前に、テープメジャーを中に入れる。

合計シェル模様が9模様でき、1模様分は細編みを1目だけ編み、テープメジャーの出し入れ口として空けておく。

糸を切って止め、糸始末をする。

お好みで、メジャーを引き出すツマミ部分にタッセルを付ける。

Flower-motif Tape Measure Cover

Instructions in UK terms (Make two)

Popcorn stitch: Work 5tcs into indicated space. Remove hook after 5th tc and put hook into 1st tc and draw through loop from the last tc.

Shell stitch: 1dc, ch3 and 2tc into ch-3 space of the previous round

Rnd 1: With color A, work 4 ch and (1tc, 1ch) 9 times into adjustable ring. Join with sl st into 3rd ch. Cut yarn and fasten.

Rnd 2: With color B, join yarn by making a slip knot onto hook and working dc directly into any ch-1 sp of prev rnd, ch 2, *1dc into next ch-1 sp, ch2; rep from * until end of rnd. Join with sl st into 1st dc. (10 dcs, 10 ch-2 sps)

Rnd 3: With color C, join yarn to any ch-2 sp of prev rnd, ch3 and 4tc into same sp. Work a popcorn st.
Ch3. *5tc into next ch-2 sp of prev rnd to make a popcorn st. and ch3.
Repeat from * 8 more times. Join with sl st into the first popcorn st.
Cut yarn and fasten. (10 popcorn sts, 10 ch-3 sps)

After making two pieces, weave in ends.

Hold them so that both of the RSs are facing out.

Join color D, in the same way as in Rnd 2, onto any ch-3 sp, making sure that it is attached to both pieces. Ch3, 2tc into same sp.

Repeat working shell stitch 8 more times into the next ch-3 sp, making sure to insert tape measure before both sides are fully closed.

Nine shells all together, leaving one section open with only 1dc for pulling out the tape measure.

Cut yarn and weave in ends.

Optional: Make a tassel for pulling out the tape.

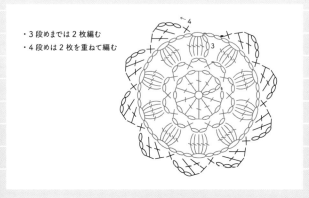

・3段めまでは2枚編む
・4段めは2枚を重ねて編む

国内で海外の糸が手に入るショップ

- MOORIT
http://moorit.jp/
(オンラインショップ)
東京都世田谷区玉川 3-12-11 B1
電話番号:03-5797-5517
営業時間:10:30〜17:00
日・水曜定休
Instagram moorit_jp

- WALNUT TOKYO
(オンラインショップ)amirisu
https://shop.amirisu.com/
東京都港区青山 3-8-5
DeLCCs 南青山 1F-2 号室
電話番号:03-6910-5753
営業時間:11:00〜18:00
日・月曜定休
Instagram walnut_kyoto

- WALNUT KYOTO
(オンラインショップ)amirisu
https://shop.amirisu.com/
京都市下京区菊屋町 745 2 階
電話番号:075-708-7210
営業時間:11:00〜17:00
Instagram walnut_kyoto

- EYLUL Yarns
(オンラインショップ)
https://eylulyarns.com/
大阪市阿倍野区阪南町 1-28-25
アメニティ阪南 1 階
営業時間:12:30〜18:00
月曜・祝日休み(不定休あり)
Instagram eylulkilim

- Room amie(ルームあみ)
http://roomamie.jp/
大阪府吹田市山手町 3-11-8-109
関大スチューデント 21 109 号
電話番号:06-6821-3717
営業時間:13:30〜17:30
※月・土(不定休)・日曜休み

- ヴェアルセ
(オンラインショップ)Fyn
http://fyn.shop-pro.jp/
神戸市中央区栄町通 3-1-7
栄町ビルディング 3 階
営業時間:11:00〜18:00
月・水曜定休
Instagram vaerelse_fyn

- 手芸アトリエ fil
https://atliefil.com/
山口県下関市長府惣社町 1-12
日・水・木曜定休(不定休あり)
Instagram fil.choufu

- AMUHIBI
https://amuhibiknit.com/
福岡市中央区六本松 1-4-22
電話番号:050-3550-8288
営業時間:10:00〜12:00、
         13:00〜17:00
火・水曜定休
Instagram amuhibiknit

- Woolly Ball
https://woollyball.shop-pro.jp/
名古屋市千種区掘割町 1-4-2
電話番号:080-6730-8864
営業時間:10:00〜17:00
月・金曜定休
Instagram woolly_ball

・Presse
北海道札幌市中央区南3条西26丁目2-24
電話番号：011-215-7981
営業時間：12:00 〜 17:00
月・火曜定休
Instagram　presse

・suzumari
青森県青森市篠田2-27-6
電話番号：080-6730-8864
営業時間：10:00 〜 16:00
日・第1・3土曜定休
Instagram　suzumariofficial

＜オンライン＞

・KEITO
https://online.keito-shop.com/
Instagram　keitostaff

・KEITOYA
https://keitoya.ocnk.net/

・趣芸
https://www.rakuten.ne.jp/gold/kasyugei/
Instagram　syugei

・K2tog
https://k2togyarn.shop/
Instagram　k2togyarn

※それぞれのお店によって取り扱うメーカーや商品が異なります。
※データは2025年5月現在のものです。
※本書で使用している糸の取り扱いがない場合もあります。

参考文献

Lily Chin , *Lily Chin's knitting tips & tricks*, Potter Craft, 2009.

Vogue Knitting Knitopedia, sixth&spring books, 2011.

『基礎シリーズ　よくわかる編目記号ブック　かぎ針あみ107』日本ヴォーグ社、1993

『基礎シリーズ　新・棒針あみ改訂版』日本ヴォーグ社、1997

Craft Yarn Council: http://www.craftyarncouncil.com/

Craftsy: http://www.craftsy.com/

Knitty: http://www.knitty.com/

Special thanks to Isabell Kraemer.

扉（p001）の糸
（手前から）MADELINETOSH: Tosh Sport (Worn Denim)
MADELINETOSH: Dandelion (Red Phoenix)
MADELINETOSH: Tosh Vintage (Sea Salt)

カバー写真（黄色いSamonne）の糸
Blue Sky Alpaca: ALPACA SILK (mango 114)

終わりに──

英文パターンを使って編む講座をスタートして丸3年を迎えたタイミングでこのご本のお話をいただきました。

英文パターンで編もうと思う方、既に編まれている方との色々なやり取りの中で、多くの気づきや学びがあり、また自分の編みものとの関わりを振り返るとてもいい機会になりました。この3年間をこのような形にすることができ、とても嬉しく思っています。

この機会をご提供くださいました東京書籍株式会社さまをはじめ、サポートしていただいたスタッフの皆さまに感謝申し上げます。
そして、いつも一緒に楽しく過ごし、温かく見守ってくださっている皆さまに、心よりお礼申し上げます。

西村知子

西村知子(にしむら・ともこ)

京都市生まれ。東京在住。手芸好きな祖母や母の影響を受け、幼い頃から編み物に興味を持ち始める。また父親の転勤で渡米、ニューヨークで幼少期を過ごす。帰国後、学生時代からオリジナル作品の創作をはじめ、社会人になるとその一方で通訳・翻訳の実績を積む。この間海外出張も多く、2001年にはアメリカ出張中に同時多発テロに遭遇。これを機に編み物をライフワークとすべく活動を広げる。2011年からは英語と編み物を絡めた講座やワークショップ、関連記事の執筆、編み物関連の通訳・翻訳などで活躍中。

編みもの『英文パターン』ハンドブック

2015年 1月16日 第1刷発行
2025年 6月18日 第9刷発行

著者	西村知子
発行者	渡辺能理夫
発行所	東京書籍株式会社 〒114-8524　東京都北区堀船2-17-1 電話　03-5390-7531(営業) 　　　03-5390-7506(編集)
印刷・製本	TOPPANクロレ株式会社
写真	松本のりこ
ブックデザイン	葛西 恵
編み図作成	下野彰子
イラスト	武者小路晶子
図版作成	さくら工芸社
本文DTP	川端俊弘(WOOD HOUSE DESIGN)
編集	角田晶子

ISBN 978-4-487-80897-7 C2077
Copyright © 2015 by Tomoko Nishimura
All rights reserved.
Printed in Japan

出版情報　https://www.tokyo-shoseki.co.jp/
乱丁・落丁の際はお取り替えいたします。